Inhalt

Vorwort

Stellen Sie sich einen Frühstückstisch vor, mit duftendem Kaffee, süßer Marmelade, würzigem Käse, saftigem Aufschnitt und einem Ei ..., aber ohne frische, köstliche Brötchen oder Brot. Einfach unvorstellbar! Brot gehört zum Tagesablauf dazu – als kleiner Imbiss, zum Abendbrot, zur Suppe, auf dem Partybüfett und, und, und ...

Zu jedem Anlass gibt es eine passende Brotsorte oder – noch besser – können Sie ein passendes Brot backen. Denn der Duft von frisch gebackenem Brot lässt einem nicht nur das Wasser im Munde zusammenlaufen, er vermittelt auch Gemütlichkeit und Geborgenheit.

Fangen Sie am besten gleich an. Lesen Sie in Ruhe die folgenden Seiten durch. Hier finden Sie alle wichtigen Informationen rund ums Brotbacken. Anschließend geht's ins nächste Lebensmittelgeschäft, das Reformhaus oder den Bioladen. Dort bekommen Sie alles, was Sie brauchen, um Ihre Familie mit selbst gebackenem Brot zu verwöhnen. Das besondere Plus beim Selberbacken: Sie können bestimmen, welche Zutaten in das Brot hineinkommen und welche nicht. Ob Roggen-, oder Dinkelmehl, verfeinert mit Nüssen oder Sesam, pikant gefüllt oder verlockend süß – der Brotvielfalt und Ihrer Kreativität sind keine Grenzen gesetzt.

Dieses Buch möchte aber nicht nur zum Selberbacken anregen. Auf den hinteren Seiten finden Sie auch Rezepte für Beläge, die Ihre selbst gebackenen Köstlichkeiten noch verführerischer machen.

Brotgetreidesorten

Getreide ist seit Jahrtausenden die wichtigste Nahrungsgrundlage. In den verschiedenen Regionen und Klimazonen der Erde haben sich unterschiedliche Sorten entwickelt. Ihre „Nachkommen" werden auch heute noch weltweit täglich in unterschiedlichen Formen – als Brei, kernige Beilage, süßes Gebäck oder Brot – gegessen. Der genaue Zeitpunkt des ersten Getreideanbaus ist nicht bekannt. Er liegt jedoch mindestens 8000 Jahre zurück.

Weizen

Eine unserer ältesten Kulturpflanzen ist der Weizen. Seine Urform – der Emmer und das Einkorn – stammt aus Vorderasien und hat sich aus Wildgräsern durch Kreuzung zu unserem heutigen „Star-Getreide" entwickelt. Inzwischen wächst er in allen gemäßigten

Zonen der Erde. Die am häufigsten angebauten Weizensorten sind der Weichweizen, der unser normales Mehl liefert, und der Hartweizen mit hartem, festen Korn, auch Durumweizen genannt, der überwiegend zur Nudel- und Grießherstellung verwendet wird.

Die große Beliebtheit des Weichweizens beruht in erster Linie auf seinen Geschmacks- und Backeigenschaften. Er besitzt von allen Getreidesorten den höchsten Kleberanteil (Gluten), einen Eiweißstoff, der dem Brot ein lockeres Gefüge und feine Poren verleiht.

Dinkel

Dinkel gehört zur Weizenfamilie. Er lässt sich in den Rezepten wie die entsprechende Weizenmehlmenge verarbeiten, da er einen ähnlich hohen Kleberanteil wie Weizen besitzt. Früher war in Württemberg der Dinkel das Hauptbrotgetreide. Seine Anbaufläche umfasst etwa das 15fache der Weizenanbaufläche. Während des 2. Weltkriegs wurden die Landwirte jedoch aufgefordert, den Dinkelan-

bau im Interesse der Volksernährung einzustellen. Die Gründe hierfür waren sein um etwa ein Viertel geringerer Ertrag gegenüber dem Weizen und sein fester Spelzenschluss, der das Lösen der Ährchen von der Spindel beim Dreschen verhindert. Da Dinkel neben diesen Nachteilen auch eine ganze Reihe von Vorteilen bietet, wird er heute wieder vermehrt angebaut. Dinkel ist anspruchsloser als Weizen, winterhart, widerstandsfähiger gegenüber Getreidekrankheiten und durch seinen festen Spelzenschluss gegen Umweltbelastungen, die mit der Luft übertragen werden, weitgehend geschützt.

Wird Dinkel geerntet, bevor er ganz reif ist, und anschließend bei milder Hitze getrocknet (gedarrt), entsteht Grünkern. Diese „Getreidespezialität" schmeckt angenehm nussig, eignet sich durch die erfolgte Hitzebehandlung aber nicht zum Backen.

Roggen

Für Germanen und Kelten war der Roggen das wichtigste Brotgetreide. Noch zu Beginn des letzten Jahrhunderts wurde in Deutschland in erster Linie Roggen angebaut, bis der ertragreichere Weizen ihm den Rang ablief. Roggenmehl wird fast ausschließlich zum Brotbacken verwendet. Da der im Mehl enthaltene Kleber (Gluten) jedoch nicht so elastisch ist wie der im Weizenmehl, geht der

Teig nicht so gut auf. Das Brot präsentiert sich fester und kompakter, bleibt aber dafür auch länger frisch. Roggenmehl wird häufig mit Weizenmehl zusammen verbacken. Früher wurden beide Getreidearten deshalb öfter zusammen im selben Feld ausgesät.

Roggen kann giftiges Mutterkorn enthalten. Die heutigen Mühlen sorgen jedoch dafür, dass dieser Stoff entfernt wird.

Hafer

Verschiedene archäologische Funde belegen, dass unsere heutigen Hafersorten von dem wilden roten Hafer abstammen, der vermutlich in Asien beheimatet war. Früher belegte Hafer neben dem Roggen den zweiten Platz im Getreideanbau in Deutschland. Mittlerweile ist der Haferanbau stark zurückgegangen und beschränkt sich hauptsächlich auf kühle, regnerische Regionen wie das Voralpenland und den Nordseeküstenbereich.

Hafer weist von allen Getreidesorten den höchsten Fettgehalt auf. Wobei das Fett nicht wie bei den anderen Getreidearten vorwiegend im Keimling sitzt, sondern sich auf alle Kornbestandteile verteilt. Ein Grund, warum verarbeitete Haferkörner schnell ranzig und deshab von der Industrie immer hitzebehandelt werden.

Hirse

Hirse wurde schon in frühgeschichtlicher Zeit in Asien und Nordafrika angebaut. In China gehörte Hirse zu den fünf Getreidearten, die, seit den Zeiten des Kaisers Shen-Nung (2737–2705 v. Chr.), alljährlich vom Kaiser selbst, begleitet von großen Feierlichkeiten, ausgesät wurde.

Hirsemehl besitzt keinen Kleber (Gluten) und wird deshalb vor allem zur Herstellung von Fladenbroten eingesetzt. Gemischt mit Weizenmehl ergibt es jedoch ausgesprochen knuspriges Gebäck.

Hirse enthält von allen Getreidearten die meisten Mineralstoffe und besonders viel Kieselsäure (wichtig für Bindegewebe, Haut und Knochen).

Gerste

In Getreidefunden aus Vorderasien, die aus der Zeit um 7000 v. Chr. stammen, ist bereits Gerste nachweisbar. Etwa 3000 Jahre später dürften es die Ägypter kultiviert haben und weitere 2000 Jahre später die Mitteleuropäer.

Nach dem 2. Weltkrieg hat sich der Gerstenanbau im Gegensatz zu anderen Getreidearten sehr stark ausgebreitet. Der Grund dafür ist jedoch nicht in der nach Pythagoras anregenden Wirkung der Gerste auf den menschlichen Geist zu sehen, sondern auf den in vielen Ländern vermehr-

ten Bierkonsum. Gerstenmehl wird aber auch in geringen Mengen zur Herstellung von Gebäck verwendet. Allerdings geht der Teig wegen seines geringen Kleberanteils (Gluten) nur in Verbindung mit Weizenmehl auf.

Übrigens: das „Gersterbrot" hat nichts mit dieser Getreideart zu tun. In Norddeutschland werden bestimmte Roggenbrote nach dem Backen abgeflämmt („gegerstelt") und so entsteht diese herzhafte Brotspezialität.

Mais

Mais ist die einzige Getreideart, die in Amerika heimisch ist. Wahrscheinlich stammt sie aus Mittelamerika, wo sie viele tausend Jahre lang das Hauptnahrungsmittel der Inka, Maya und Azteken darstellte. Das Auswählen der besten Kolben für die Aussaat wurde zu einer rituellen Handlung und durch den Priester vorgenommen. Durch diese ganz bewusste Selektion wurde eine stetige Steigerung des Ertrags erreicht.

Der spanische Entdecker Cortez brachte die ersten Maispflanzen im frühen 16. Jahrhundert nach Europa und bald darauf gelangten sie durch die Portugiesen auch nach Afrika. Wegen des Fehlens von Kleber (Gluten) eignet sich Maismehl nicht zum Backen. In Mittelamerika wird es jedoch häufig zu Maisfladen verarbeitet.

Buchweizen

Buchweizen wird zwar meist als Getreide betrachtet, gehört jedoch, wie auch der Rhabarber, zu den Knöterichgewächsen. Das Mehl der herzhaften, dreikantigen Früchte verleiht jedem Gebäck einen herben Geschmack, muss jedoch, da es kleberfrei (glutenfrei)  ist, zum Backen mit Weizenmehl gemischt werden. Das wohl bekannteste Buchweizengebäck sind Blinis, kleine Hefepfannkuchen, die in Russland traditionell zu Kaviar serviert weden. Gerösteter und geschroteter oder ganzer Buchweizen besitzt ein ganz besonderes Aroma. Diese unter dem Namen Kasche bekannte Spezialität wird vor allem in Osteuropa gern gegessen.

Das Getreidekorn und was es mit den Randschichten auf sich hat

Das Getreidekorn besteht aus dem inneren Mehlkörper, dem Keimling und den äußeren Randschichten. Der Mehlkörper enthält die Stärke (Kohlenhydrate) und ca. 7 % Eiweiß (Kleber, Gluten). Durch den Kleber wird die Backfähigkeit des Mehls (die Bindekraft des Teiges) bestimmt. Kleber-eiweiß macht den Hefeteig beim Kneten elastisch und hält den Teig zusammen. Der Keimling ist geradezu eine Schatzkammer an Protein, Fett, Mineralstoffen und Vitaminen. Denn schließlich ist er Träger der Lebensfunktionen. Die Randschichten, die das Korn umhüllen, bestehen in der Hauptsache aus Zellulose, also den für unsere Ernährung so wichtigen Ballaststoffen. Daneben enthalten sie Mineralstoffe (vor allem Eisen) und Vitamine (vor allem der B-Gruppe).

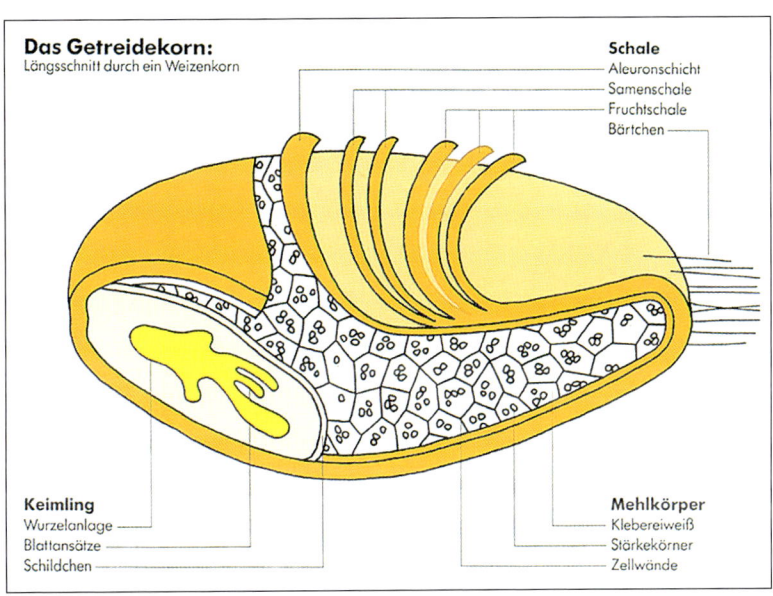

Das Getreidekorn:
Längsschnitt durch ein Weizenkorn

Schale
- Aleuronschicht
- Samenschale
- Fruchtschale
- Bärtchen

Keimling
- Wurzelanlage
- Blattansätze
- Schildchen

Mehlkörper
- Klebereiweiß
- Stärkekörner
- Zellwände

Wenn beim Mahlen ein großer Teil des Keimlings und der Randschichten (Kleie) erhalten bleibt, entstehen dunkle Mehle mit hohem Nährstoffgehalt. Sie sind wegen ihres Anteils an ungesättigten Fettsäuren nicht allzu lange haltbar. Wenn viel Kleie entfernt wird, entstehen helle Mehle mit nur wenigen wichtigen Inhaltsstoffen, die jedoch gut lagerfähig sind. Bei der Weißmehlherstellung bleiben viele wertvolle Teile des Korns auf der Strecke. Sie werden einfach entfernt.

Was die Typen aussagen

Bei abgepacktem Fertigmehl lässt sich die ernährungsphysiologische Qualität an der so genannten Typenbezeichnung erkennen. Denn die Typenzahl auf der Packung ist keine Geheimnummer, sondern gesetzlich vorgeschrieben und bezeichnet den Mineralstoffgehalt eines Mehls: Je höher die auf der Verpackung angegebene Zahl, desto mehr Mineral- und Ballaststoffe enthält das Mehl. Umgekehrt gilt:

Je niedriger die Typenbezeichnung, desto niedriger der Anteil an Ballaststoffen, Vitaminen, ungesättigten Fettsäuren, Mineralstoffen und Spurenelementen.

Die Mehltype 405 z. B. hat pro 100 g Mehl nur 0,405 g Mineralien, ein Mehl der Type 1150 fast dreimal so viel, nämlich 1,15 g pro 100 g Mehl.

Beim Weizen gibt es die Typen 405, 550 und 1050. Beim Dinkel gibt es die Typen

630 und 1050. Beim Roggen gibt es die Typen 997 und 1150.

Vollkornerzeugnisse haben keine Typenbezeichnung, denn bei ihrer Herstellung wird immer das ganze Weizenkorn gemahlen – und die Körner enthalten von Feld zu Feld oder Ernte zu Ernte eben etwas unterschiedliche Mengen an Mineralstoffen.

Die Typenbezeichnung sagt allerdings nichts über die Feinheit des Mehls aus. Werden Getreidekörner gemahlen, entsteht bei grober Einstellung Schrot, bei feiner Einstellung Mehl.

Bedeutung des Ausmahlungsgrades

Der Ausmahlungsgrad ist der zweitwichtigste Begriff in der Müllerei. Er gibt in Prozent den Anteil Getreide an, der sich nach dem Mahlen im Mehl befindet. Wenn z. B. drei Viertel des Ausgangsgewichts an Getreide als Mehl anfallen, beträgt der Ausmahlungsgrad 75 %. Hoch ausgemahlenes Mehl ist daher z. B. Vollkornmehl, es hat einen Ausmahlungsgrad von 100 %. Auszugsmehl zählt dagegen zu den niedrig ausgemahlenen Mehlsorten, denn bei seiner Herstellung wird ein großer Anteil des Korns abgetrennt.

Tipps zur Aufbewahrung

Körner
Ganze Getreidekörner lieben es luftig und trocken. So halten sie sich monate-, ja sogar jahrelang. Allerdings sollten Packungen immer wieder gut verschlossen werden, größere Mengen in Leinen- oder Jutesäcken bzw. in einer speziellen Getreidekiste lagern.

Mehl
Selbst gemahlenes Weizenmehl wird am besten sofort nach dem Mahlen verarbeitet. Beim Lagern verliert es Nährwert und Aroma, überlagertes Mehl schmeckt muffig und ranzig. Bei gekaufter Ware hilft ein Blick auf das Haltbarkeitsdatum. Mehl vom Typ 405 (Weizen) lässt sich dagegen gut lagern. Aber

trotzdem ist es ein sensibles Lebensmittel, weshalb es keiner schwankenden Luftfeuchtigkeit ausgesetzt sein sollte: Mehl nicht in der Nähe vom Herd mit seinen Kochdämpfen aufbewahren. Auch direkte Sonneneinstrahlung schadet den Vitaminen im Mehl, lässt es schneller altern. Außerdem nimmt Mehl leicht Fremdgerüche an, deshalb nie in der Nähe von geruchsintensiven Lebensmitteln wie Kaffee oder Gewürzen lagern – es sei denn, sie sind aromasicher z. B. in gut schließenden Dosen verschlossen.

Brot
Der beste Aufbewahrungsort für Brot ist ein trockener, luftiger Brotkasten aus Ton oder Emaille. Dabei sollte immer gut auf die Sauberkeit geachtet werden, denn Reste und Krümel zusammen mit Feuchtigkeit begünstigen die Schimmelbildung. Deshalb muss der Brotbehälter regelmäßig mit einer Essiglösung gereinigt werden. Frisches Brot eignet sich gut zum Einfrieren. In den Kühlschrank gehört es dagegen nicht, denn kühle Temperaturen trocknen es schneller aus.

Im Allgemeinen gilt: Je höher der Roggenanteil eines Brotes, desto länger bleibt es frisch. An heißen Sommertagen sind roggenhaltige Backwaren ideal zum längeren Aufbewahren.

Roggenvollkornbrot hält sich unter optimalen Bedingungen bis zu 12 Tagen frisch. Weizenvollkornbrot hält sich unter gleichen Bedingungen etwa 5 Tage frisch.

Teigzubereitung

Brotbacken bringt Spass und ist gar nicht so schwer. Denn die Schritte, die aus einem einfachen Brei ein leckeres Brot werden lassen, sind leicht zu erlernen. Wie gut das fertige Brot schmeckt, hängt neben den verwendeten Mehlsorten und Gewürzen entscheidend auch von der Lockerung des Teiges ab. Um das zu erreichen, braucht der Teig Triebmittel. Sie haben die Wahl zwischen: Hefe, Sauerteig und Backpulver.

Hefe

Wie die Hefe arbeitet

Hefezellen sind winzige Lebewesen, die Luft, Wärme, Feuchtigkeit und Nahrung brauchen, um sich zu vermehren. Für ihre Energieversorgung bauen Hefebakterien die Stärke im Mehl zu Zucker und weiteren Spaltprodukten ab. Bei diesem Gärprozess werden Kohlendioxid und Alkohol frei. Dadurch entstehen viele kleine Bläschen, die den Teig in die Höhe treiben und sein Volumen auf das Doppelte vergrößern. Als „Starthilfe" der Hefe können Sie dem Vorteig etwas Zucker oder Honig zufügen. Dadurch beginnt der Teig schneller zu gehen, als wenn erst die Stärke in Zucker umgewandelt werden muss.

Die kleinen „Teighelfer" lieben es kuschelig. Ihre Triebkraft leidet, wenn sie mit heißen oder kalten Zutaten in Berührung kommen. Die Flüssigkeit für den Vorteig sollte deshalb immer lauwarm (ca. 21 °C) sein und auch die übrigen Zutaten müssen Zimmertemperatur haben.

So geht Hefe optimal

Hefebakterien sind am aktivsten, wenn sie neben ausreichender Nahrung auch Ruhe und Wärme haben. Schützen Sie den Teig deshalb immer mit einem Tuch vor Zugluft und stellen die Schüssel an einen warmen Platz.

Geeignet hierfür sind:

Ein Wasserbad: Den Teig in eine Schüssel legen und in warmes Wasser stellen.

Der Backofen: Bei Ober- und Unterhitze 40 °C einschalten und die Schüssel mit dem Teig hineinstellen. Dabei die Backofentür mit einem Kochlöffel einen Spalt breit geöffnet halten. Bei Gas den Ofen auf höchster Stufe 3 Minuten vorheizen und wieder abschalten, dann die Schüssel mit dem Teig hineinstellen.

Die Mikrowelle: Die Glas- oder Porzellanschüssel mit dem Teig mit einem feuchten Tuch bedecken und bei 80 oder 90 Watt für etwa 8 Minuten ins Gerät stellen. Ist kein Drehteller vorhanden, muss die Schüssel nach etwa 4 Minuten von Hand gedreht werden.

Der Kühlschrank: Den Hefeteig aus kalten Zutaten bereiten. In der Schüssel mit einem feuchten Tuch bedecken oder mit Öl einstreichen und über Nacht im Kühlschrank gehen lassen.

Klassischer Hefeteig
Schritt für Schritt

1. Mehl in eine Schüssel schütten. In die Mitte eine Mulde drücken. Dort hinein die lauwarme Flüssigkeit, zerbröckelte Hefe und je nach Rezept etwas Zucker oder Honig zufügen. Flüssigkeit, Hefe, Zucker und etwas Mehl zu einem Vorteig verrühren.

2. Wenn Sie den Vorteig mit etwas Mehl bestäuben, können Sie die Aktivität der Hefe besonders gut erkennen. Den Vorteig abgedeckt an einem warmen Ort ca. 15 Minuten gehen lassen, ist dann vom Mehl kaum noch etwas übrig, war die Hefe fleißig und ist fertig für den nächsten Schritt.

3. Restliche Zutaten zufügen und alles mit den Knethaken des Handrührgeräts zunächst auf niedrigster Stufe, danach auf einer höheren Stufe etwa 5 Minuten zu einem geschmeidigen Teig verkneten. Je nach Rezept kann er fester oder eher etwas zähflüssig sein. Der fertige Teig muss anschließend erneut abgedeckt werden und an einem warmen Ort gehen, bis sich sein Volumen in etwa verdoppelt hat.

4. Anschließend den Teig erneut durchkneten, damit die während des vorangegangenen Gärprozesses entstandenen Gase entweichen können. Dann den Teig per Hand formen oder in eine gefettete Form füllen.

   Da das Brot durch das Kneten an Volumen verliert, braucht es noch einmal eine gewisse Zeit zum Aufgehen, bis sich sein Volumen deutlich vergrößert hat. Während dieser Ruhephase können sich die typischen Geruchs- und Geschmacksstoffe optimal entfalten und das Brot reißt während des Backens nicht willkürlich auf.

5. Brot und Brötchen anschließend auf der mittleren Einschubleiste backen.

Der Hefevorteig muss nicht sein, hat aber einige Vorteile: Die Hefemenge lässt sich reduzieren, das Teigkneten braucht weniger Muskelkraft, das Klebereiweiß kann besser quellen. Der Teig geht gleichmäßiger auf. Wenn Sie Ihren Brotteig ohne Vorteig zubereiten wollen, sollten Sie ihm, nachdem Sie alle Zutaten sorgfältig miteinander verknetet haben, viel Ruhe gönnen. Es kann jetzt 2 Stunden und länger dauern, bis sich das Teigvolumen verdoppelt hat.

Was Sie vermeiden sollten

Hefe ist sehr sensibel. Neben Hitze und Zugluft mag sie auch den Kontakt mit Salz, Fett und Eiern nicht. Im Vorteig haben diese Zutaten deshalb nichts zu suchen. Auch zu langes Kneten in der Küchenmaschine schränkt die „Gärfähigkeit" des Teiges ein. Deshalb spätestens nach 5 Minuten abschalten.

Warme Führung – kalte Führung

Auch Hefe will geführt werden. Unter warmer Führung versteht der Fachmann das Bereiten eines Hefeteiges bei einer Temperatur zwischen 20 °C und 25 °C. Bei kalter Führung wird die Hefe mit kalter Flüssigkeit verrührt und sofort mit der gesamten Mehlmenge verknetet. Danach kommt der Teig abgedeckt in den Kühlschrank. Der Vorteil dieser Methode: Die Hefe kann bei der kalten Zubereitung ihre Triebkraft nur langsam entfalten. Wenn Sie morgens frische Brötchen backen wollen, können Sie den Teig schon am Vortag zubereiten und dann ohne weitere Beachtung im Kühlschrank liegen lassen. Der Teig sollte allerdings nicht länger als 12 Stunden im Kühlschrank lagern.

Frische Hefe – woran man sie erkennt

Hefe wird in kleinen Würfeln zu 42 g gepresst angeboten. Zeichen für die Frische sind eine seidig schimmernde Oberfläche, ein angenehm säuerlicher Duft und glatte Bruchstellen beim Zerbröckeln. Ist die Hefe ausgetrocknet, zeigt sie sich rissig und teilweise dunkel verfärbt. Dann hat sie ihre Triebkraft weitgehend eingebüßt.

Lagerung

In der Kühlschranktür hält sich Hefe 3 bis 4 Tage frisch. Sie können sie aber auch eingefroren bis zu 4 Monate aufbewahren. Nach dem Auftauen ist sie allerdings breiig, besitzt jedoch dieselbe Triebkraft wie frische Hefe.

Trockenhefe

Dieses Hefeprodukt besteht aus frischer Hefe, der die Feuchtigkeit entzogen wurde. Trockenhefe eignet sich besonders gut für die Vorratshaltung, denn Sie können sie bis zu einem Jahr lang aufbewahren. Die Handhabung ist denkbar einfach:

Mehl in eine Schüssel geben, Trockenhefe mit einer Gabel unterziehen. Alle übrigen im Rezept angegebenen zimmerwarmen Zutaten zufügen und alles zu einem geschmeidigen Teig verkneten, abgedeckt gehen lassen und wie normalen Hefeteig weiterverarbeiten.

1 Päckchen Trockenhefe enthält meist 7 g und reicht für 500 g Weizenmehl Type 405.

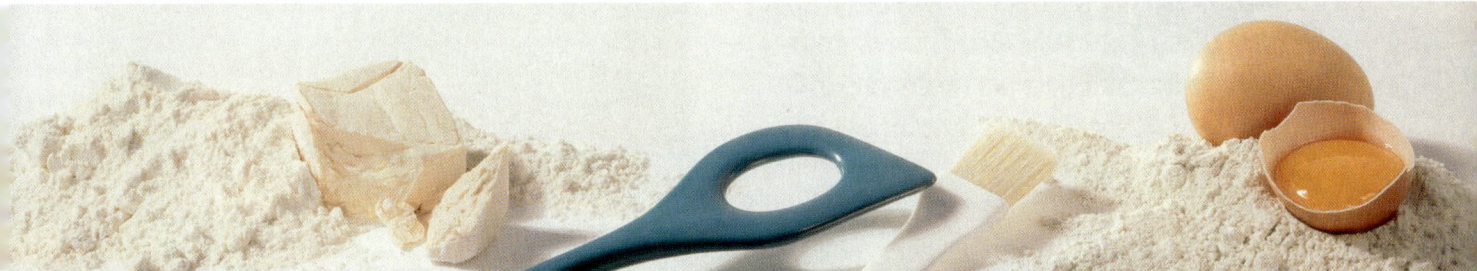

Sauerteig

Für Brote auf Roggenbasis ist Sauerteig nötig, mit Hefe allein würde das Brot feucht, klitschig und fade schmecken. Damit sich der Kleber – der Stoff, der für die feine Porung und das Teiggerüst verantwortlich ist – richtig entwickeln kann, braucht Roggen Säure. Bei kleinen Roggenmehlmengen genügen ein Paar Tropfen Zitronensaft oder Buttermilch statt Milch. Bei überwiegendem Roggenanteil sollte immer ein Sauerteig als Triebmittel verwendet werden, da das Eiweiß im Roggen nur in Verbindung mit Säure vom menschlichen Körper aufgeschlossen werden kann.

Sauerteig gibt es in unterschiedlichen Formen zu kaufen: als fertige flüssige „Mischung" im praktischen 150-Gramm-Beutel und als Sauerteigpulver.

Sauerteig lässt sich auch in den eigenen vier Wänden herstellen.

Beim Sauerteig handelt es sich um nichts weiter als einen sauer gewordenen, vergorenen Brei aus Mehl und Wasser. Wir kennen diesen Vorgang vom ungewollten Sauerwerden von Lebensmitteln. Bei falscher Lagerung können diese sauer werden, zu gären beginnen und dann ungenießbar werden. Beim Sauerteig ist diese Gärung gewollt. Dafür verantwortlich sind die Hefepilzsporen und Milchsäurebakterien aus der Luft, dem Wasser und von den Getreidekörnern.

Sauerteigansatz:

10 g frische Hefe
200 ml lauwarmes Wasser
150 g Roggenvollkornschrot

Zubereitung:

Hefe zerbröckeln, mit 250 ml lauwarmem Wasser und Roggenschrot zu einem dickflüssigen Brei verrühren. Abgedeckt an einem warmen Ort (ca. 20 °C) 3 bis 4 Tage stehen lassen.

Dabei täglich durchkneten und falls der Brei zu fest geworden ist, erneut etwas lauwarmes Wasser unterkneten. Nach 3 bis 4 Tagen hat der Teig kleine Blasen gebildet und die Oberfläche Risse bekommen. Der fertige Sauerteig muss angenehm säuerlich riechen.

Eigentlich würde der Sauerteigansatz auch ohne Hefe gelingen – früher klappte es ja auch – , aber die Zubereitung mit frischer Hefe gibt eine gewisse Gelinggarantie. Andernfalls könnten falsche Bakterien die Oberhand gewinnen und der Teig würde misslingen.

Soll er nicht sofort verarbeitet werden, geben Sie den Sauerteig in ein Schraubdeckelglas und stellen ihn in den Kühlschrank. Dort hält er sich bis zu einer Woche frisch. Oder Sie lagern ihn gut verschlossen im Gefriergerät, hier kann er für einige Monate im Kälteschlaf warten, bis das nächste Roggenbrot gebacken wird.

Für den Sauerteigansatz ist es am besten, wenn Sie frisch gemahlene Roggenkörner verwenden. In Reformhäusern und Bioläden können Sie ganze Körner kaufen und sich dort auch frisch mahlen lassen.

Klassischer Sauerteig
Schritt für Schritt

1. Roggenschrot bzw. Roggenmehl in eine Schüssel schütten. In die Mitte eine Mulde drücken. Dort hinein die lauwarme Flüssigkeit, zerbröckelte Hefe und je nach Rezept etwas Zucker oder Honig zufügen. Flüssigkeit, Hefe, Zucker und etwas Mehl zu einem Vorteig verrühren.

2. Wenn Sie den Vorteig mit etwas Mehl bestäuben, können Sie die Aktivität der Hefe besonders gut erkennen. Der Vorteig sollte abgedeckt an einem warmen Ort ca. 15 Minuten gehen lassen, ist dann vom Mehl kaum noch etwas übrig, war die Hefe fleißig und ist fertig für den nächsten Schritt.

3. Sauerteig und restliche Zutaten zufügen und alles mit den Knethaken des Handrührgeräts zunächst auf niedrigster Stufe, danach auf einer höheren Stufe etwa 5 Minuten zu einem geschmeidigen Teig verkneten. Je nach Rezept kann er fester oder eher etwas zähflüssig sein. Der fertige Teig muss anschließend erneut abgedeckt werden und an einem warmen Ort gehen, bis sich sein Volumen um die Hälfte vergrößert hat.

4. Danach den Teig erneut durchkneten, damit die während des vorangegangenen Gärprozesses entstandenen Gase entweichen können. Dann den Teig per Hand formen oder in eine gefettete Form füllen.

Da das Brot durch das Kneten an Volumen verliert, braucht es noch einmal eine gewisse Zeit zum Aufgehen, bis sich sein Volumen deutlich vergrößert hat. Während dieser Ruhephase können sich die typischen Geruchs- und Geschmacksstoffe optimal entfalten und das Brot reißt während des Backens nicht willkürlich auf.

5. Brot und Brötchen anschließend auf der mittleren Einschubleiste backen.

Backpulver

Backpulver ist eine Mischung aus chemischen Stoffen, die in Verbindung mit Flüssigkeit, Säure und Wärme Kohlendioxid freisetzt und so den Teig aufgehen lässt. Backpulver hat gegenüber Hefe und Sauerteig den Vorteil, dass der Teig unmittelbar nach dem Kneten gebacken wird und keine Gehzeiten braucht. Allerdings darf der Teig nach dem Kneten nicht allzu lange außerhalb des Backofens stehen bleiben. Denn sobald das Backpulver mit Flüssigkeit in Berührung kommt, beginnt die Kohlendioxidproduktion. Da das Brot aber jetzt noch keine feste Kruste besitzt, kann das Gas entweichen, das Brot bleibt beim Backen flach.

Allgemeine Tipps

- Bevor Sie anfangen, als Erstes: Heizung auf, Tür und Fenster zu. Ideal ist eine gleichmäßige Raumtemperatur von 21 °C.

- Sämtliche Zutaten rechtzeitig aus dem Kühlschrank nehmen, damit sie Zimmertemperatur bekommen.

- Der Gärprozess ist abgeschlossen, wenn der Weizenteig etwa das Volumen verdoppelt hat. Drücken Sie zur Probe mit der Fingerspitze vorsichtig, aber fest in den Teig: Der Eindruck sollte sichtbar bleiben.

- Nicht auf einem Marmorbrett arbeiten. Teig auf einem Backbrett verkneten und ausrollen. Der kalte Stein erschrickt die Hefebakterien und hindert sie daran, sich zu entwickeln.

- Teige aus Vollkornmehl benötigen mehr Flüssigkeit als andere. Rechnen Sie besser mit 1/4 mehr Flüssigkeit, wenn Sie bei einem Rezept statt normales Mehl Vollkornmehl verwenden wollen.

- Vollkornteig wird erst nach einiger Zeit fester, darum nicht gleich zu Beginn zu viel Mehl unterrühren.

- Wenn Sie ganze Körner in größeren Mengen verwenden wollen, denken Sie daran, diese über Nacht einzuweichen, damit sie später dem Teig kein Wasser entziehen können. Ansonsten wird der Teig zu trocken und bröselig und bricht beim Backen auseinander.

- Dampf im Ofen verhindert, dass das Brot austrocknet. Stellen Sie zum Beispiel eine Tasse mit Wasser auf den Backofenboden, gießen Sie eine Tasse Wasser auf den heißen Ofenboden oder besprühen Sie die Ofenwände mit Wasser aus dem Wäschesprüher.

- Brot, das in Formen gebacken wird, immer nach dem Backen sofort aus der Form kippen und auf einem Kuchengitter abkühlen lassen, damit es nicht „schwitzt" und knusprig bleibt.

- So bekommt Ihr Gebäck eine glänzende Kruste:
  Intensiver Glanz: 1 Eigelb, 1 EL Wasser und 2–3 Tropfen Rapsöl gut verrühren, das Gebäck vor dem Backen damit einstreichen.
  Schöner Glanz, intensive Bräunung: 1 Eigelb, 1 EL Milch, 2 Prisen brauner Zucker und 1 Prise Salz verrühren, das Gebäck vor dem Backen damit einstreichen.
  Sanfter Glanz: Je 2 EL Milch und Wasser verrühren und das Gebäck nach dem Backen damit einstreichen.

Pannenhilfe bei der Teigzubereitung

Beim Brotbacken ist Fingerspitzengefühl gefragt. Immer wieder kann mal was schief laufen. Wie Sie beim nächsten Mal Fehler vermeiden, lesen Sie hier:

Fehler	Ursache	Beseitigung
Der Vorteig geht nicht auf.	Die Hefe war nicht mehr frisch.	Immer frische, einwandfreie Hefe verwenden.
	Der Ort zum Gehen ist zu kühl oder zu heiß (über 40 °C).	Vorteig immer bei ca. 21°C gehen lassen.
Der Teig geht nicht genügend auf.	Die Hefe wurde mit zu warmer Flüssigkeit (über 40 °C) angerührt, die Hefebakterien sind zerstört.	Erneut Hefe mit lauwarmem Wasser und Zucker verrühren und mit etwas Mehl in den Teig einarbeiten. Teig anschließend abgedeckt gehen lassen.
	Der Teig enthält mehr als 1/3 Mehl ohne Klebereiweiß (Hirse, Hafer, Gerste...,) die Hefe kann ihre Kraft nicht voll entfalten und der Teig wird dadurch zu wenig gelockert.	Weizen- oder Dinkelmehl und etwas Wasser zum Teig geben. Teig erneut durchkneten und abgedeckt gehen lassen.
	Die Zutaten waren zu kühl.	Vor der Verarbeitung Flüssigkeiten leicht erwärmen, Eier in heißes Wasser legen, übrige Zutaten rechtzeitig in die Küche stellen, damit sie Zimmertemperatur annehmen können.
Das Brot fällt in der Mitte zusammen.	Die Hefe war nicht mehr frisch.	Immer frische, einwandfreie Hefe verwenden.
	Der Teig ist zu lange gegangen.	Sobald der Teig das richtige Volumen erreicht hat, backen.
Sauerteig geht nicht auf.	Der Sauerteig war zu alt.	Immer frischen, einwandfreien Sauerteig verwenden.
	Der Ort zum Gehen ist zu kühl oder zu heiß (über 40 °C).	Teig immer bei ca. 21°C gehen lassen.
	Die Sauerteigmenge war zu gering.	Mehr Sauerteig unter den Teig kneten. Teig anschließend erneut abgedeckt gehen lassen.
Das Brot läuft beim Backen auseinander.	Der Teig war zu weich.	Beim nächsten Mal mehr Mehl oder weniger Flüssigkeit verwenden.
		Den Teig in einer Form backen.
	Die Zutaten wurden nicht gründlich genug miteinander verknetet.	Beim nächsten Mal den Teig besser durchkneten.
Das Brot ist krümelig.	Der Brotteig war zu trocken.	Beim nächsten Mal mehr Flüssigkeit verwenden.
	Die Gehzeit war zu kurz.	Beim nächsten Mal warten, bis der Weizenmehlteig sein Volumen verdoppelt, der Roggenmehlteig sein Volumen um die Hälfte vergrößert hat.
Das Brot reißt auseinander.	Der Teig ist zu trocken.	Teig vor dem Gehen befeuchten.
		Beim nächsten Mal mehr Feuchtigkeit verwenden.
		Beim Backen eine Tasse Wasser in den Backofen stellen.
Das Brot wird zu dunkel.	Zu starke Oberhitze.	Brot mit Pergamentpapier abdecken.
		Brot bei geringerer Hitze länger backen.
Das Brot ist nicht durchgebacken.	Die Backzeit war zu kurz.	Klopfen Sie auf die Unterseite des Brotes. Es muss dumpf klingen. Andernfalls das Brot für weiter 10 Minuten in den Backofen schieben.

Der Backautomat – das Heinzelmännchen der Backstube

Für alle, die gern frisches Brot essen, aber keine Zeit und vielleicht auch noch nicht den rechten Mut haben, Brot auf traditionelle Weise zu backen, ist ein Backautomat die Lösung. Er übernimmt alle Arbeitsgänge und überwacht das gute Gelingen des Brotes. Sie brauchen nur die Zutaten laut Rezept in die Backform zu geben, das entsprechende Programm zu wählen und können nach Drücken der Start-Taste den Rest getrost dem Automaten überlassen. Sie sind erst wieder gefragt, wenn das frische, duftende Brot aus der Backform herausgelöst werden muss. (Rezepte finden Sie auf den Seite 96–113.)

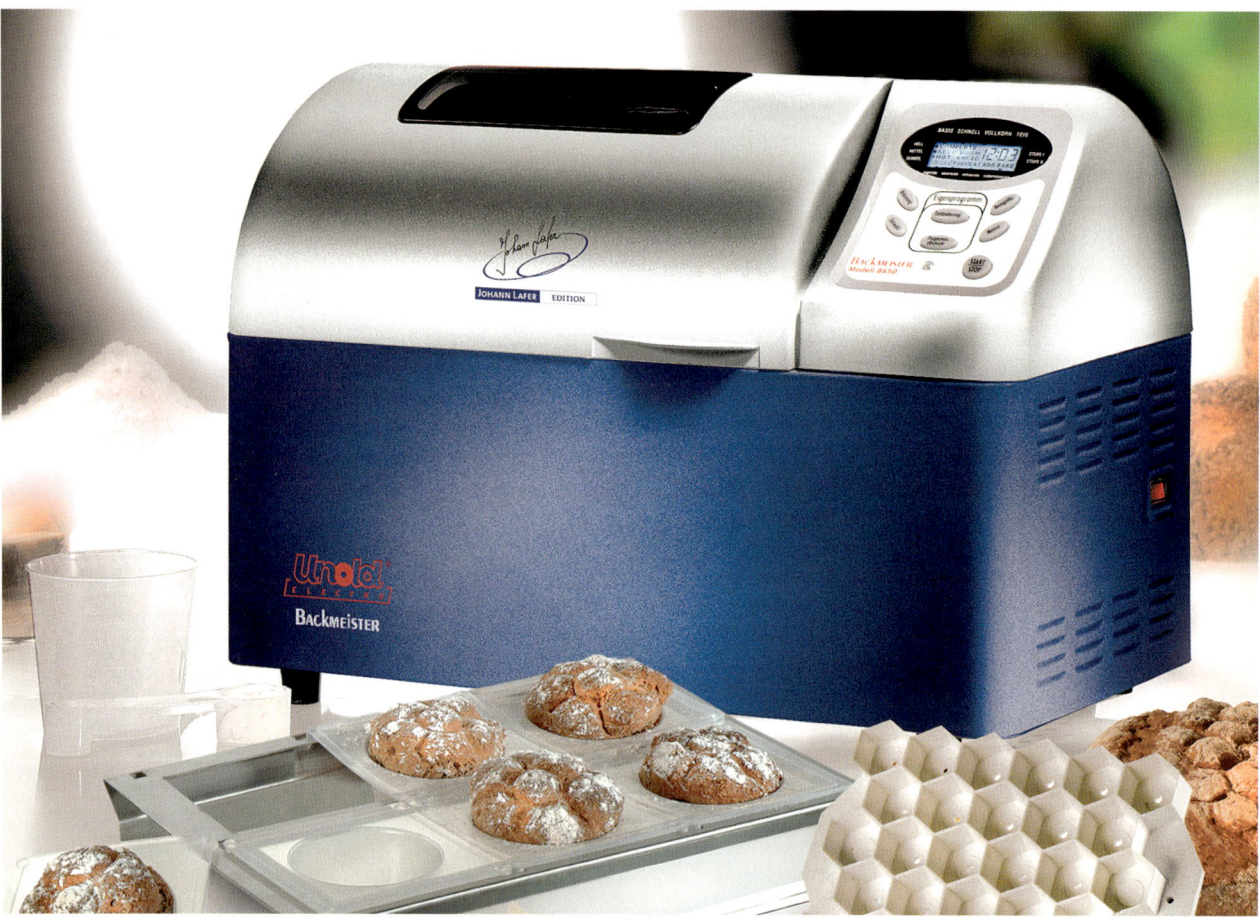

Die in diesem Buch vorgestellten Rezepte sind alle im Backmeister 8658 von der Firma Unold gebacken. Wenn Sie ein Gerät eines anderen Herstellers besitzen, lesen Sie dessen Gebrauchsanleitung. Die meisten Funktionen sind ähnlich oder gleich, so dass Sie unsere Brote auch problemlos in Ihrem Backautomaten zubereiten können. Beachten Sie aber genau das Fassungsvermögen Ihres Gerätes. Wenn Sie ein kleines Modell besitzen, könnten einige unserer Rezepte ihn überfordern.

Viele möchten zwar das Kneten und das Aufgehen des Teiges dem „Brotheinzelmännchen"

überlassen, beim Teigformen aber gern wieder selber Hand anlegen. Auch das ist mit einem Backautomat kein Problem. Geben Sie die Zutaten vorschriftsmäßig in die Backform und wählen das Programm TEIG.

Wenn Ihr Küchenhelfer seine Arbeit beendet hat, können Sie den Teig entnehmen, zu Zöpfen flechten, zu Brötchen rollen und mit Körnern bestreuen oder in eine beliebige Backform füllen. Brote und Brötchen werden anschließend im normalen Ofen gebacken. (Geeignete Rezepte hierfür finden Sie auf den Seiten 84–95.)

Handhabung des Backautomaten Schritt für Schritt

1. Zuerst muss die antihaftbeschichtete Backform in den Backraum des Automaten eingesetzt werden. Anschließend stecken Sie die Kneter auf die Antriebswellen. (Kleine Backautomaten besitzen nur einen Kneter.)

2. Als Nächstes füllen Sie die genau abgemessenen Zutaten in die Backform. Um ein opti-

males Knetergebnis zu bekommen, ist es wichtig, dass Sie die im Rezept angegebene Reihenfolge genau einhalten.

3. Anschließend wählen Sie mit Hilfe der Menütaste den gewünschten Programmablauf, die gewünschte Bräunung und die gewünschte Größe.

   Mit der START/STOPP-Taste starten Sie das Programm. Wenn Sie das Brot erst am nächsten Morgen frisch auf dem

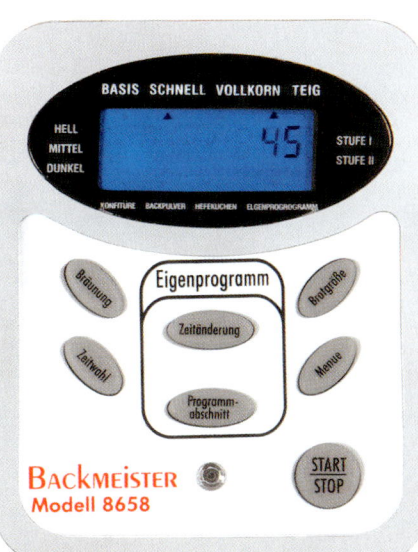

Frühstückstisch präsentieren wollen, können Sie mit der Zeitwahltaste den Programmablauf verzögern.

4. Danach haben Sie Pause. Das Vorheizen der Zutaten, das Mischen, Kneten und Gehenlassen des Teiges sowie das Backen erledigt der Backautomat selbsttätig. Im Display können Sie jederzeit erkennen, welches Programm Sie gewählt haben und womit Ihr Automat sich gerade beschäftigt. Die rückwärtslaufende Uhr zeigt dabei an, wie lange es noch dauert, bis das Brot fertig ist.

5. Am Ende der Backzeit ertönt ein Signalton, um anzuzeigen, dass das Brot entnommen werden kann. Wenn Sie jetzt noch keine Zeit haben – macht nichts, der Automat hält Ihr Brot noch 1 Stunde warm.

6. Zum Schluss brauchen Sie nur noch die Backform mit Hilfe von Topflappen aus dem Automaten zu nehmen und das Brot herauszustürzen. Anschließend sollte es noch 20–30 Minuten auf einem Kuchengitter ausdampfen (ruhen). Wenn das Brot nicht gleich aus der Backform fällt, bewegen Sie die Knetantriebe von unten hin und her, bis das Brot herausgleitet. Sind die Kneter noch im Brot, ziehen Sie sie mit dem mitgelieferten Hakenspieß heraus.

Tipp

So lassen sich die Löcher im Brotboden verkleinern:

Entnehmen Sie nach der letzten Aufgehphase die Kneter aus dem Teig. Bemehlen Sie dafür Ihre Finger und tauchen sie durch den Teig zu den Knetern. Den richtigen Zeitpunkt hierfür können Sie mit Hilfe der Tabelle „Zeitlicher Ablauf der Programme" und der Anzeige im Display erkennen.

Frisches Brot
lecker und gesund

Schwarzwälder Gemüsebrot

Schwarzwälder Gemüsebrot

Pro Scheibe ca. 110 Kalorien • 460 Joule • Zubereitungszeit ca. 1 1/4 Stunden (ohne Wartezeit)

1. Mais abtropfen lassen. Lauchzwiebel putzen und dann in schmale Ringe schneiden. Knoblauch schälen und fein hacken. Gemüse mit Backmischung, 300 ml lauwarmem Wasser, Quark, Kräutern, Gewürzen und Zucker zu einem geschmeidigen Teig verkneten. Teig an einem warmen Ort ca. 30 Minuten abgedeckt gehen lassen.

2. Teig erneut durchkneten, auf bemehlter Arbeitsfläche zu einem ovalen Laib formen und auf ein mit Backpapier ausgelegtes Backblech legen. Im vorgeheizten Backofen (E-Herd: 200 °C/Gasherd: Stufe 3) ca. 35 Minuten backen.

Zutaten für 20 Scheiben:

50 g Gemüsemais (aus der Dose)

1 Lauchzwiebel

1 Knoblauchzehe

500 g Brotbackmischung für Bauernkruste (z. B. von Aurora)

100 g Quark (20 % Fett i. Tr.)

1 EL gemischte gehackte Kräuter

Salz, Pfeffer, Paprikapulver edelsüß

1 Prise Zucker

Mehl für die Arbeitsfläche

Roggenmischbrot (ohne Abbildung)

Pro Scheibe ca. 130 Kalorien • 550 Joule • Zubereitungszeit ca. 1 1/2 Stunden (ohne Wartezeit)

1. Alle Mehlsorten mit dem Salz in einer Schüssel mischen. Trockenhefe mit 50 ml lauwarmem Wasser und Zucker verrühren und abgedeckt an einem warmen Ort ca. 15 Minuten gehen lassen.

2. Vorteig, Sauerteig und 350 ml lauwarmes Wasser zur Mehlmischung geben und alles 10 Minuten mit den Knethaken des Handrührgeräts zu einem geschmeidigen Teig verarbeiten. Teig an einem warmen Ort abgedeckt ca. 30 Minuten gehen lassen.

3. Teig in die gefettete Brotform (z. B. von Zenker) geben, mit einer feuchten Handfläche glatt streichen und abgedeckt erneut ca. 30 Minuten gehen lassen.

4. Brot mit einem Messer rautenförmig einschneiden und im vorgeheizten Backofen auf der untersten Schiene (E-Herd: 200 °C/Gasherd: Stufe 3) ca. 50 Minuten backen, nach 30 Minuten mit Pergamentpapier abdecken.

Zutaten für 20 Scheiben:

400 g Roggenmehl Type 997

175 g Weizenmehl Type 1050

175 g Weizenmehl Type 405

2 TL Salz

1 Päckchen Trockenhefe

1 TL Zucker

150 ml flüssiger Sauerteig

Fett für die Form

Deftiges Bauernbrot

Pro Scheibe ca. 130 Kalorien • 550 Joule • Zubereitungszeit ca. 1 3/4 Stunden (ohne Wartezeit)

Der Teig muss schon am Vorabend angesetzt werden!

1. Roggenmehl mit Backferment, Sauerteig und so viel lauwarmem Wasser verrühren, dass ein weicher Teig entsteht. Abgedeckt an einem warmen Ort über Nacht ruhen lassen.

2. Weizenmehl, Kümmel, Salz und Sonnenblumenkerne zum Vorteig geben und verkneten, dabei so viel lauwarmes Wasser zugießen, dass ein geschmeidiger Teig entsteht. Teig an einem warmen Ort abgedeckt gehen lassen, bis sich das Volumen etwa verdoppelt hat.

3. Teig erneut durchkneten, auf bemehlter Arbeitsfläche zu einem Laib formen und in die gefettete längliche Pane-Form von Römertopf geben. Form 20 Minuten in warmes Wasser stellen, dabei sollte die Form zu 2/3 im Wasser stehen.

4. Form auf der untersten Schiene in den kalten Backofen stellen. Dann 50–60 Minuten backen (E-Herd: 250 °C/ Gasherd: Stufe 5).

Zutaten für 24 Scheiben:

350 g Roggenvollkornmehl
1 TL Backferment
1 gehäufter EL Sauerteig
500 g Weizenvollkornmehl
1 TL gemahlener Kümmel
1 TL Salz
100 g Sonnenblumenkerne
Mehl für die Arbeitsfläche
Fett für die Form

Ernte-Dank-Laib

Pro Scheibe ca. 100 Kalorien • 420 Joule • Zubereitungszeit ca. 1 1/2 Stunden (ohne Wartezeit)

1. Weizen- und Roggenmehl mit Sauerteigpulver in einer Schüssel vermischen, eine Mulde in die Mitte drücken. 100 ml lauwarmes Wasser hineingießen, Hefe hineinbröckeln, Zucker darüber streuen. Wasser, Hefe, Zucker und etwas Mehl vom Rand verrühren. Vorteig an einem warmen Ort abgedeckt gehen lassen, bis sich das Volumen etwa verdoppelt hat.

2. Salz und 500 ml lauwarmes Wasser in die Schüssel geben und alles zu einem geschmeidigen Teig verkneten. Abgedeckt an einem warmen Ort 30–45 Minuten gehen lassen.

3. Teig erneut durchkneten, in eine gefettete Auflaufform (2,5 l Inhalt) geben. Abgedeckt nochmals ca. 20 Minuten gehen lassen.

4. Im vorgeheizten Backofen (E-Herd: 175°C/Gasherd: Stufe 2) ca. 1 Stunde backen.

5. Das Topfbrot aus dem Ofen nehmen und noch warm mit Sirup glasieren.

> **Zutaten für 25 Scheiben:**
>
> *300 g Weizenmehl Type 1050*
>
> *400 g Roggenmehl Type 1150*
>
> *30 g Sauerteigpulver*
>
> *1 Würfel (42 g) Hefe*
>
> *1 EL Zucker*
>
> *2 TL Salz*
>
> *Fett für die Form*
>
> *2–3 EL Zuckerrübensirup (z. B. Goldsaft von Grafschafter)*

Zwiebel-Salami-Brote im Tontopf

Pro Scheibe ca. 100 Kalorien • 420 Joule • Zubereitungszeit ca.1 1/4 Stunden (ohne Wartezeit)

1. Zwiebel schälen, fein hacken, im Öl glasig dünsten, anschließend erkalten lassen. Salami in kleine Würfel schneiden. Oregano waschen, trockenschütteln und hacken.

2. Backmischung mit 350 ml lauwarmem Wasser zu einem geschmeidigen Teig verkneten, zum Schluss Zwiebel, Salami und 3/4 vom Oregano unterarbeiten. Teig an einem warmen Ort abgedeckt ca. 30 Minuten gehen lassen.

3. Teig erneut durchkneten, in fünf Portionen teilen und jede in einen gefetteten Blumentopf (9 cm Ø) geben. Abgedeckt erneut ca. 40 Minuten gehen lassen.

4. Teigoberflächen mit Wasser einstreichen und mit restlichem Oregano bestreuen. Im vorgeheizten Backofen auf der untersten Schiene (E-Herd: 200 °C/Gasherd: Stufe 3) ca. 10 Minuten vorbacken, dann die Temperatur reduzieren (E-Herd: 175 °C/Gasherd: Stufe 2) und die Brote ca. 20 Minuten fertig backen.

Tipp:
Legen Sie den Boden der Tontöpfe mit einem Stück Backpapier aus. Dadurch lassen sich die Brote anschließend leichter aus den Töpfen lösen.

Zutaten für 20 Scheinben:

1 große Zwiebel

1 EL Öl

50 g Edelsalami im Stück

1/2 Bund Oregano

500 g Backmischung für Saftkornbrot (z. B. von Aurora)

Fett für die Blumentöpfe

Vatis Schwarzbrot (ohne Abbildung)

Pro Scheibe ca. 140 Kalorien • 590 Joule • Zubereitungszeit ca. 1 1/2 Stunden (ohne Wartezeit)

Der Teig muss schon am Vorabend angesetzt werden!

1. 500 g Roggenschrot mit Sauerteigpulver, 1 Esslöffel Salz und 800 ml lauwarmem Wasser kräftig verrühren. Teig an einem warmen Ort abgedeckt über Nacht gehen lassen.

2. Am nächsten Tag Weizenmehl, Trockenhefe und restlichen Schrot mischen. Sirup, Sauerteigmischung und 300 ml lauwarmes Wasser zu einem geschmeidigen Teig verkneten. Teig in eine gefettete Kastenform (42 cm lang) füllen und abgedeckt ca. 60 Minuten gehen lassen.

3. Brot im vorgeheizten Backofen (E-Herd: 175-200 °C/ Gasherd: Stufe 2-3) 60–70 Minuten backen.

Zutaten für 30 Scheiben:

1 kg Roggenschrot

15 g Sauerteigpulver

1 1/2 EL Salz

400 g Weizenmehl Type 405

1 Päckchen Trockenhefe

3 TL Zuckerrübensirup

Zwiebel-Salami-Brote im Tontopf

Hafer-Kartoffel-Brot

Hafer-Kartoffel-Brot

Pro Scheibe ca. 130 Kalorien • 710 Joule • Zubereitungszeit ca. 1 1/2 Stunden (ohne Wartezeit)

1. Kartoffeln kochen, abgießen, abschrecken, pellen und auskühlen lassen.

2. Hefe in 125 ml lauwarmem Wasser auflösen. Kartoffeln durch eine Kartoffelpresse drücken, mit Mehl, Haferflocken, Hefewasser und Salz zu einem festen Teig verkneten. Teig an einem warmen Ort ca. 40 Minuten abgedeckt gehen lassen.

3. Teig erneut durchkneten und zu einem Laib formen. Brot auf ein gefettetes Backblech legen und an der Oberfläche dreimal quer einritzen. Eigelb mit etwas Wasser verquirlen, das Brot damit einstreichen und mit Haferflocken bestreuen, festdrücken. Im vorgeheizten Backofen (E-Herd: 225 °C/ Gasherd: Stufe 4) ca. 30 Minuten backen.

Zutaten für 14 Scheiben:

250 g mehligkochende Kartoffeln (z. B. Irmgard oder Aula)

30 g frische Hefe

350 g Weizenmehl Type 405

100 g zarte Haferflocken (z. B. von Kölln)

1 TL Salz

1 Eigelb zum Bestreichen

2 EL kernige Haferflocken zum Bestreuen

Fett fürs Blech

Weizenvollkornbrot „Montana" (ohne Abbildung)

Pro Scheibe ca. 110 Kalorien • 460 Joule • Zubereitungszeit ca. 1 1/2 Stunden (ohne Wartezeit)

1. Beide Weizenmehlsorten und Kleie in einer Schüssel mischen, in die Mitte eine Mulde drücken. Hefe hineinbröckeln. Milch lauwarm erhitzen, 100 ml in die Mulde gießen. Alles mit etwas Mehl vom Rand dickflüssig verrühren, etwas Mehl darüber sieben. An einem warmen Ort abgedeckt gehen lassen, bis das Mehl Risse bekommt. Restliche Milch über die Sonnenblumenkerne gießen und ca. 30 Minuten ziehen lassen.

2. Buttermilch lauwarm erhitzen, mit dem Salz in die Schüssel geben und alles zu einem geschmeidigen Teig verkneten. Abgedeckt so lange gehen lassen, bis er sein Volumen verdoppelt hat. Sonnenblumenkerne mit der Milch unter den Teig kneten. Teig halbieren und zu zwei runden Laiben formen. Laibe auf ein mit Mehl bestäubtes Backblech legen, mit Milch bestreichen, kreuzweise, nicht zu tief, einschneiden, mit Sonnenblumenkernen bestreuen, festdrücken und noch einmal ca. 30 Minuten gehen lassen.

3. Im vorgeheizten Backofen (E-Herd: 225 °C/Gasherd: Stufe 4) auf der untersten Schiene 20 Minuten vorbacken, dabei eine mit Wasser gefüllte Tasse in den Ofen stellen. Dann die Temperatur reduzieren (E-Herd: 175 °C/ Gasherd: Stufe 2) und die Brote ca. 30 Minuten fertig backen.

Zutaten für 30 Scheiben:

500 g Weizenvollkornmehl

250 g Weizenmehl Type 405

75 g Weizen- oder Haferkleie

1 Würfel (42 g) Hefe

200 ml Milch

250 ml Buttermilch

1 EL Salz

75 g USA-Sonnenblumenkerne

Mehl fürs Backblech

Milch zum Bestreichen

50 g Sonnenblumenkerne zum Bestreuen

Pikantes Party-Pizzabrot

Pro Scheibe ca. 150 Kalorien • 630 Joule • Zubereitungszeit ca. 1 1/4 Stunden (ohne Wartezeit)

1. Milch lauwarm erhitzen und in eine Schüssel gießen, Hefe hineinbröckeln. Mehl, Zucker, Salz, Fix für Nudel-Hackfleisch-Gratin und Ei zufügen und alles so lange verkneten, bis sich der Teig vom Schüsselboden löst.

2. Salami und Käse fein würfeln. Zwiebel schälen und hacken, Tomatenpaprika gut abtropfen lassen und klein schneiden. Alles unter den Teig kneten. Teig an einem warmen Ort abgedeckt ca. 30 Minuten gehen lassen.

3. Teig erneut durchkneten, in eine gefettete Kastenform (30 cm lang) geben und erneut abgedeckt 20 Minuten gehen lassen.

4. Pizzabrot im vorgeheizten Backofen (E-Herd: 200 °C/ Gasherd: Stufe 3) ca. 45 Minuten backen, nach 30 Minuten mit Pergamentpapier abdecken, damit das Brot nicht zu dunkel wird.

Zutaten für 20 Scheiben:

250 ml Milch

30 g frische Hefe

500 g Weizenmehl Type 405

1 TL Zucker

1 TL Salz

1 Beutel Fix für Nudel-Hackfleisch-Gratin (z. B. von Knorr)

1 Ei

100 g Salami

100 g Emmentaler Käse

1 Zwiebel

100 g Tomatenpaprika aus dem Glas

Fett für die Form

Vinschgauer

Pro Stück ca. 200 Kalorien • 840 Joule • Zubereitungszeit ca. 1 Stunde (ohne Wartezeit)

1. Roggen- und Weizenmehl in eine Schüssel schütten, in die Mitte eine Mulde drücken. Hefe hineinbröckeln. 100 ml lauwarmes Wasser dazugießen, mit der Hefe und etwas Mehl vom Rand verrühren. Vorteig an einem warmen Ort abgedeckt ca. 20 Minuten gehen lassen.

2. Fenchel, Kümmel, Salz, 350 ml lauwarmes Wasser und Sauerteig in die Schüssel geben und alles zu einem geschmeidigen Teig verkneten. Abgedeckt ca. 20 Minuten gehen lassen.

3. Teig in acht Portionen teilen, mit bemehlten Händen zu Kugeln formen und auf zwei mit Backpapier ausgelegte Backbleche legen. Brote nacheinander im vorgeheizten Backofen (E-Herd: 250 °C/Gasherd: Stufe 5) ca. 10 Minuten vorbacken, dann die Temperatur reduzieren (E-Herd: 225 °C/Gasherd: Stufe 4) und die Brote 10 Minuten fertig backen.

Zutaten für 8 Stück:

350 g Roggenmehl Type 997
150 g Weizenmehl Type 1050
1/2 Würfel (21 g) Hefe
1 TL Fenchel
1 TL Kümmel
2 TL Salz
25 g flüssiger Sauerteig
Mehl zum Formen

Buntes Gemüsebrot

Buntes Gemüsebrot

Pro Scheibe ca. 100 Kalorien • 420 Joule • Zubereitungszeit ca. 1 1/2 Stunden (ohne Wartezeit)

1. Porree putzen, Möhren schälen, beides in kleine Würfel schneiden. Möhren in kochendem Salzwasser 7 Minuten, Porree 2 Minuten blanchieren, abgießen, abschrecken und gut abtropfen lassen.

2. Roggen- und Weizenmehl, Trockenhefe, 1 Teelöffel Salz, Koriander und 300 ml lauwarmes Wasser zu einem glatten Teig verkneten. Gemüse unterkneten. Teig in eine gefettete Kastenform (24 cm lang) geben, mit Wasser bestreichen, mit Mehl bestäuben und mit Sonnenblumenkernen bestreuen. An einem warmen Ort abgedeckt ca. 45 Minuten gehen lassen.

3. Brot nochmals mit Mehl bestäuben und im vorgeheizten Backofen (E-Herd: 200 °C/Gasherd: Stufe 3) ca. 30 Minuten vorbacken, dann die Temperatur reduzieren (E-Herd: 175 °C/ Gasherd: Stufe 2) und das Brot in 30–40 Minuten fertig backen, nach 20 Minuten mit Pergamentpapier abdecken, damit das Brot nicht zu dunkel wird.

Zutaten für 20 Scheiben:

2 Stangen Porree (Lauch)

250 g Möhren

Salz

400 g Roggenmehl Type 997 (z. B. Landkorn von Aurora)

100 g Weizenmehl Type 405 (z. B. Sonnenstern von Aurora)

1 Päckchen Trockenhefe

1 EL gem. Koriander

Mehl zum Bestäuben

40 g Sonnenblumenkerne zum Bestreuen

Fett für die Form

Tipp:

Wenn Sie das Brot als kleines Mitbringsel verschenken wollen, backen Sie aus dem Teig statt eines großen drei kleine (15 x 8 cm) Brote.

Tomatenbrot mit Oliven (ohne Abbildung)

Pro Scheibe ca. 110 Kalorien • 460 Joule • Zubereitungszeit ca. 1 1/4 Stunden (ohne Wartezeit)

1. Mehl und Trockenhefe mischen. Tomatenpüree, Salz, Kräuter und Olivenöl zufügen. Alles zu einem geschmeidigen Teig verkneten. Teig an einem warmen Ort abgedeckt ca. 30 Minuten gehen lassen.

2. Oliven würfeln und unter den Teig kneten. Teig auf bemehlter Arbeitsfläche zu einem runden Laib formen und auf ein mit Backpapier ausgelegtes Backblech legen. Abgedeckt erneut 30 Minuten gehen lassen.

3. Brot im vorgeheizten Backofen (E-Herd: 200 °C/Gasherd: Stufe 3) 40–45 Minuten backen.

Zutaten für 20 Scheiben:

500 g Weizenmehl Type 405

1 Päckchen Trockenhefe

500 g Tomatenpüree

1 TL Salz

je 1/2 TL getrockneter Majoran und Thymian

2 EL kaltgepresstes Olivenöl

150 g grüne, paprikagefüllte Oliven

Mehl für die Arbeitsfläche

Kartoffel-Kräuter-Brot

Pro Scheibe ca. 100 Kalorien • 420 Joule • Zubereitungszeit ca. 1 Stunde (ohne Wartezeit)

1. Milch lauwarm erhitzen, Hefe und Zucker darin auflösen. Vorteig an einem warmen Ort ca. 15 Minuten abgedeckt gehen lassen.

2. Kartoffelpüree, Mehl und Grieß mischen. Vorteig, Olivenöl, Salz und 250 ml lauwarmes Wasser zufügen und alles zu einem geschmeidigen Teig verkneten. Hefeteig abgedeckt ca. 30 Minuten gehen lassen.

3. Kräuter waschen, trockenschütteln und hacken bzw. in feine Röllchen schneiden. Knoblauch schälen und fein hacken. Alles unter den Teig kneten. Teig in eine gefettete Kastenform (25 cm lang) geben und nochmals kurze Zeit gehen lassen. Im vorgeheizten Backofen (E-Herd: 225 °C/ Gasherd: Stufe 4) ca. 30 Minuten backen.

Zutaten für 16 Scheiben:

50 ml Milch

1 Würfel (42 g) Hefe

1 TL Zucker

1 Beutel (für 3 Portionen) Kartoffelpüree (z. B. das Lockere von Pfanni)

150 g Weizenmehl Type 405

150 g Hartweizengrieß

4 El Olivenöl extra vergine

1 TL Salz

je 1/2 Bund Petersilie und Schnittlauch

1 Knoblauchzehe

Fett für die Form

Herzhaftes Zwiebelbrot (ohne Abbildung)

Pro Scheibe ca. 180 Kalorien • 760 Joule • Zubereitungszeit ca. 2 Stunden (ohne Wartezeit)

1. Zwiebeln schälen, fein würfeln, im heißen Öl glasig dünsten, anschließend abkühlen lassen.

2. Weizen- und Roggenmehl mit Weizenkeimen mischen, in die Mitte eine Mulde drücken. Hefe hineinbröckeln, Zucker und 100 ml lauwarmes Wasser zufügen. Alles mit etwas Mehl vom Rand verrühren. Vorteig an einem warmen Ort abgedeckt ca. 15 Minuten gehen lassen.

3. Sauerteig, 550 ml lauwarmes Wasser, beide Salzsorten und Zwiebeln in die Schüssel geben. Alles zu einem geschmeidigen Teig verkneten. Teig abgedeckt ca. 50 Minuten gehen lassen.

4. Teig mit bemehlten Händen erneut durchkneten und in die gefettete Brotform (30 cm Ø von Zenker) geben. Mit angefeuchteten Händen glatt streichen und weitere 20 Minuten gehen lassen. Mit einem Kochlöffelstiel einige 5 cm tiefe Löcher in den Teig drücken. Zwiebelbrot im vorgeheizten Backofen (E-Herd: 200 °C/Gasherd: Stufe 3) 60–70 Minuten backen.

Zutaten für 24 Scheiben:

400 g Zwiebeln

3 EL Öl

500 g Weizenmehl Type 405

400 g Roggenvollkornmehl

200 g Weizenkeime

1 Würfel (42 g) Hefe

1 TL Zucker

150 g flüssiger Sauerteig

3 TL Zwiebelsalz

3 1/2 TL Salz

Mehl für die Hände

Fett für die Form

Kartoffel-Kräuter-Brot

Topfbrot mit Kernen

Pro Scheibe ca. 160 Kalorien • 670 Joule • Zubereitungszeit ca. 1 1/2 Stunden (ohne Wartezeit)

1. Hefe zerbröckeln, mit Zucker und 150 ml lauwarmem Wasser verrühren. Vorteig an einem warmen Ort abgedeckt 10 Minuten gehen lassen.

2. Weizenmehl, Salz und Sonnenblumenkerne mischen. Vorteig und 200 ml lauwarmes Wasser zufügen und alles zu einem geschmeidigen Teig verkneten. Teig abgedeckt ca. 30 Minuten gehen lassen.

3. Teig erneut durchkneten, dann in einen gefetteten Topf (24 cm Ø, z. B. Terracotta von Berndes) füllen und erneut ca. 60 Minuten abgedeckt gehen lassen. In der Zwischenzeit den Tondeckel in kaltes Wasser legen.

4. Den gewässerten Deckel auf den Topf legen und den Topf in den kalten Backofen stellen. Im vorgeheizten Backofen (E-Herd: 175 °C/Gasherd: Stufe 2) das Brot ca. 60 Minuten backen.

Zutaten für 16 Scheiben:

1 Würfel (42 g) Hefe
1 TL Zucker
600 g Weizenmehl Type 1050
2 TL Salz
100 g Sonnenblumenkerne
Fett für den Topf

Sonnenblumenkernbrot

Pro Scheibe ca. 90 Kalorien • 380 Joule • Zubereitungszeit ca. 1 3/4 Stunden (ohne Wartezeit)

1. Hefe in 1 Liter lauwarmem Wasser auflösen, mit Roggen- und Weizenmehl, Salz und Öl zu einem geschmeidigen Teig verkneten. Abgedeckt an einem warmen Ort gehen lassen, bis das Volumen sich deutlich vergrößert hat.

2. Sonnenblumenkerne unter den Teig kneten. Teig zu einem runden Brotlaib formen, dabei Hände und Arbeitsfläche mit Mehl bestäuben, denn der Teig ist klebrig. Laib in eine gefettete, mit Paniermehl ausgestreute runde Pane-Form von Römertopf geben. Brot rautenförmig einschneiden. Form ca. 20 Minuten in warmes Wasser stellen, dabei sollte die Form zu 2/3 im Wasser stehen.

3. Form auf der untersten Schiene in den kalten Backofen stellen. Dann bei 225 °C (Gasherd: Stufe 4) ca. 20 Minuten vorbacken, danach die Temperatur reduzieren (E-Herd: 200 °C/Gasherd: Stufe 3) und das Brot 40–45 Minuten fertig backen.

Zutaten für 50 halbe Scheiben:

30 g frische Hefe

500 g Roggenmehl Type 1150

750 g Weizenmehl Type 405

5 TL Salz

4 EL Sonnenblumenöl

8 EL Sonnenblumenkerne

Mehl für die Hände und die Arbeitsfläche

Fett und Paniermehl für die Form

Italienisches Landbrot

Italienisches Landbrot

Pro Scheibe ca. 100 Kalorien • 420 Joule • Zubereitungszeit ca. 1 1/2 Stunden (ohne Wartezeit)

1. Chilischoten halbieren, entkernen, sorgfältig waschen und in feine Ringe schneiden. Knoblauchzehe schälen und hacken. Kräuter waschen, trockenschütteln und hacken. Alles mit den getrockneten Tomaten mischen, mit Öl übergießen und ca. 30 Minuten ziehen lassen.

2. Mehl in eine Schüssel schütten, in die Mitte eine Mulde drücken, Hefe hineinbröckeln. Milch lauwarm erhitzen, über die Hefe gießen und verrühren, anschließend mit dem Mehl zu einem geschmeidigen Teig verkneten. Teig an einem warmen Ort abgedeckt ca. 20 Minuten gehen lassen

3. Tomaten aus dem Öl nehmen, abtropfen lassen und fein würfeln. Zwiebeln schälen und fein hacken. Tomaten, Zwiebeln, Ei, Salz und Zucker unter die Ölmischung rühren, dann alles unter den Teig kneten, weitere 15 Minuten gehen lassen.

4. Teig in eine gefettete Brotform (30 cm Ø) geben. Brot im vorgeheizten Backofen (E-Herd: 200 °C/Gasherd: Stufe 3) ca. 10 Minuten vorbacken. Milch und Eigelb vequirlen. Brot auf ein mit Backpapier ausgelegtes Backblech stürzen, mit Eiermilch einstreichen, mit geschrotetem Pfeffer und grobem Salz bestreuen und bei gleicher Temperatur 25 Minuten fertig backen. Als Getränk zu diesem Brot schmeckt ein Sontino Rosso von Langguth.

Zutaten für 20 Scheiben:

2 Chilischoten
1 Knoblauchzehe
1 Stiel Thymian
2 Stiele Basilikum
60 g getrocknete Tomaten
5 EL Olivenöl
350 g Weizenmehl Type 405
1/2 Würfel (21 g) Hefe
250 ml Milch
3 Zwiebeln
1 Ei
1 TL Salz
1 Prise Zucker
1 EL Milch zum Bestreichen
1 Eigelb zum Bestreichen
grob geschroteter Pfeffer
grobes Salz

Kräftiges Bauernbrot (ohne Abbildung)

Pro Scheibe ca. 100 Kalorien • 420 Joule • Zubereitungszeit ca. 1 3/4 Stunden (ohne Wartezeit)

1. Speck würfeln. Zwiebel schälen und fein hacken. Speck im Öl auslassen, Zwiebel zufügen und glasig dünsten, abkühlen lassen. Hefe in 660 ml lauwarmem Wasser auflösen. Speckmischung, Weizen- und Weizenvollkornmehl sowie Salz zufügen, alles zu einem geschmeidigen Teig verkneten und an einem warmen Ort abgedeckt gehen lassen, bis sich das Volumen etwa verdoppelt hat.

2. Teig in die gefettete runde Brotbackform (30 cm Ø von Kaiser) füllen und weitere 15 Minuten gehen lassen. Brot im vorgeheizten Backofen (E-Herd: 225 °C/Gasherd: Stufe 4) ca. 15 Minuten vorbacken. Brot auf ein Backblech stürzen und in ca. 1 Stunde fertig backen (E-Herd: 200 °C/Gasherd: Stufe 3).

Zutaten für 48 halbe Scheiben:

200 g durchwachsener Speck
1 Zwiebel
3 EL Öl
1 Würfel (42 g) Hefe
500 g Weizenmehl Type 550
500 g Weizenvollkornmehl
1 EL Salz
Fett für die Form

Würziges Haselnussbrot

Pro Scheibe ca. 140 Kalorien • 590 Joule • Zubereitungszeit ca. 1 1/2 Stunden (ohne Wartezeit)

1. Hefe in eine Tasse bröckeln, Honig zufügen. Milch lauwarm erhitzen, 150 ml über die Hefe gießen und alles verrühren. Vorteig an einem warmen Ort abgedeckt ca. 10 Minuten gehen lassen.

2. Schrot, Nüsse, Salz, Brotgewürz und restliche Milch verkneten, Vorteig zufügen und alles zu einem geschmeidigen Teig verkneten. Abgedeckt ca. 45 Minuten gehen lassen.

3. Teig erneut durchkneten, zu einem Laib formen, auf ein mit Backpapier ausgelegtes Backblech legen und mit Wasser einstreichen. Brotlaib ca. 30 Minuten gehen lassen. Dann im vorgeheizten Backofen (E-Herd: 225 °C/Gasherd: Stufe 4) 50–60 Minuten backen.

Zutaten für 16 Scheiben:

1 Würfel (42 g) Hefe

1 EL Honig

300–350 ml Milch

400 g Weizenvollkornschrot (Reformhaus)

125 g grob gehackte Haselnüsse

2 TL Meersalz

1 TL Brotgewürz

Weizenschrotbrot mit Koriander

Pro Scheibe ca. 140 Kalorien • 820 Joule • Zubereitungszeit ca. 1 Stunde (ohne Wartezeit)

1. Hefe mit Schrot und Zucker verrühren. 300 ml lauwarmes Wasser, Mehl, Salz, Koriander und Öl zufügen. Alles so lange verkneten, bis sich der Teig vom Schüsselrand löst. Abgedeckt 1–1 1/2 Stunden gehen lassen.

3. Teig erneut durchkneten, zu einem runden Laib formen und die Oberfläche mit einem Messer kreuzweise einritzen. Brot mit Butter bestreichen und mit Schrot bestreuen, festdrücken. Im vorgeheizten Backofen (E-Herd: 225 °C/ Gasherd: Stufe 4) ca. 40 Minuten backen.

Tipp:

Um dem Brot einen seidigen Glanz zu geben, können Sie es mit leicht gesüßter Milch bestreichen, wenn es aus dem Ofen kommt.

Zutaten für 15 Scheiben:

1 Päckchen Trockenhefe

1 EL brauner Zucker (Reformhaus)

500 g Weizenschrot Type 1700 (Reformhaus)

2 TL Vollmeersalz

1 TL gemahlener Koriander

1 EL Keimöl

40 g geschmolzene Butter zum Bestreichen

1 EL Weizenschrot zum Verzieren

Schüttelbrot aus Tirol

Schüttelbrot aus Tirol

Pro Stück ca. 100 Kalorien • 420 Joule • Zubereitungszeit ca. 2 Stunden (ohne Wartezeit)

1. Roggen- und Weizenmehl in eine Schüssel schütten, in die Mitte eine Mulde drücken. Hefe hineinbröckeln. 100 ml lauwarmes Wasser dazugießen, mit der Hefe und etwas Mehl vom Rand verrühren. Vorteig an einem warmen Ort abgedeckt ca. 20 Minuten gehen lassen.

2. Fenchel, Kümmel, Salz und 400 ml lauwarmes Wasser in die Schüssel geben und alles zu einem geschmeidigen Teig verkneten. Teig portionsweise auf eine gut bemehlte Arbeitsfläche geben, mit Mehl bestäuben und mit bemehlten Händen zu Fladen auseinanderdrücken. Der Profi schüttelt die Brote flach. Brote auf fünf mit Backpapier ausgelegte Backbleche legen und nacheinander im vorgeheizten Backofen (E-Herd: 225 °C/Gasherd: Stufe 4) 15–20 Minuten backen. Die Brote dürfen hart werden.

Zutaten für 16 Stück:

400 g Roggenmehl Type 997

100 g Weizenmehl Type 550

1/2 Würfel (21 g) Hefe

1 TL Fenchel

1 TL Kümmel

1 TL Salz

Mehl für die Arbeitsfläche und zum Formen

Roggen-Auberginen-Brot (ohne Abbildung)

Pro Scheibe ca. 200 Kalorien • 840 Joule • Zubereitungszeit ca. 2 1/4 Stunden (ohne Wartezeit)

1. Auberginen putzen, vierteln, salzen und im vorgeheizten Backofen (E-Herd: 150 °C/Gasherd: Stufe 1) ca. 45 Minuten backen.

2. Roggen- und Weizenmehl in eine Schüssel schütten, in die Mitte eine Mulde drücken und die Hefe hineinbröckeln. Zucker darüber streuen. Milch lauwarm erhitzen, darüber gießen und alles mit etwas Mehl vom Rand verrühren. Vorteig an einem warmen Ort abgedeckt ca. 15 Minuten gehen lassen.

3. Speck fein würfeln und in einer Pfanne knusprig auslassen. Auberginen würfeln und unterrühren, abkühlen lassen.

4. Auberginen-Speck-Mischung, Salz, Eier und Butter zum Vorteig geben und alles zu einem geschmeidigen Teig verkneten. Abgedeckt ca. 45 Minuten gehen lassen.

5. Teig in vier Portionen teilen, jede zu einer ca. 30 cm langen Rolle formen und auf ein mit Backpapier ausgelegtes Backblech legen. Rollen ca. 10 Minuten gehen lassen.

6. Roggen-Auberginen-Brote im vorgeheizten Backofen (E-Herd: 175 °C/Gasherd: Stufe 2) 30–40 Minuten backen.

Zutaten für 20 Scheiben:

400 g Auberginen

350 g Roggenmehl Type 997 (z. B. Landkorn von Aurora)

350 g Weizenmehl Type 405 (z. B. Sonnenstern von Aurora)

1 Würfel (42 g) Hefe

1 TL Zucker

150 ml Milch

150 g durchwachsener Speck

2 TL Salz

2 Eier

50 g weiche Butter

Kartoffel-Milch-Brot

Pro Scheibe ca. 150 Kalorien • 630 Joule • Zubereitungszeit ca. 1 1/2 Stunden (ohne Wartezeit)

1. 700 ml Milch aufkochen. Knödelpulver in eine Schüssel schütten, kochende Milch darüber gießen, gut verrühren und etwas abkühlen lassen.

2. Mehl in eine Schüssel schütten, in die Mitte eine Mulde drücken. Hefe hineinbröckeln, Zucker darüber streuen. Restliche Milch lauwarm erhitzen, über die Hefe gießen und alles mit etwas Mehl vom Rand verrühren. Vorteig abgedeckt an einem warmen Ort ca. 10 Minuten gehen lassen.

3. Salz, Ei, Öl und Kloßteig zum Mehl geben, alles zu einem geschmeidigen Teig verkneten, bis sich der Teig vom Schüsselrand löst. Teig mit den Händen nochmals kräftig durchkneten, dann abgedeckt ca. 30 Minuten gehen lassen.

4. Teig zu einem Brotlaib formen, auf ein gefettetes Backblech legen und im vorgeheizten Backofen (E-Herd: 200–225 °C/ Gasherd: Stufe 3–4) ca. 50 Minuten backen, nach 30 Minuten mit Pergamentpapier abdecken.

Zutaten für 24 Scheiben:

800 ml Milch

1 Packung Roher-Kartoffelknödel-Teig (12 Stück) (z. B. von Pfanni)

500 g Weizenmehl Type 550

1 Würfel (42 g) Hefe

2 TL Zucker

3 TL Salz

1 Ei

2 EL Keimöl (z. B. von Mazola)

Fett fürs Blech

Kranzbrot à la Provence (ohne Abbildung)

Pro Scheibe ca. 110 Kalorien • 460 Joule • Zubereitungszeit ca. 1 Stunde (ohne Wartezeit)

1. Trockenhefe und Ahornsirup in 400 ml lauwarmem Wasser verrühren und an einem warmen Ort abgedeckt ca. 15 Minuten gehen lassen.

2. Roggenmehl, Weizenschrot, Salz, Keimöl und Kräuter der Provence zum Hefewasser geben und alles so lange verkneten, bis sich der Teig als Kloß vom Schüsselboden löst. Teig abgedeckt weitere 30 Minuten gehen lassen.

3. Teig erneut durchkneten und auf bemehlter Arbeitsfläche zu einem runden Laib formen. Mit einem Kochlöffelstiel in die Mitte ein Loch bohren, dieses mit den Händen vergrößern, so dass ein Ring entsteht. Ring auf ein gefettetes Backblech legen und abgedeckt ca. 30 Minuten ruhen lassen.

4. Ring mit Milch bestreichen, an der Oberfläche zickzackförmig einschneiden und im vorgeheizten Backofen (E-Herd: 225 °C/Gasherd: Stufe 4) 25–30 Minuten backen.

Zutaten für 15 Scheiben:

1 Päckchen Trockenhefe

1 TL Ahornsirup (Reformhaus)

250 g Roggenvollkornmehl (Reformhaus)

250 g Weizenschrot Type 1700 (Reformhaus)

3 TL Vollmeersalz (Reformhaus)

2 EL Keimöl

2 EL Kräuter der Provence

2 EL Milch zum Bestreichen

Mehl für die Arbeitsfläche

Fett fürs Blech

Irisches Sodabrot mit Kräutern

Pro Scheibe ca. 150 Kalorien • 630 Joule • Zubereitungszeit ca. 1 1/4 Stunden

1. Mehl, Natron, Backpulver und Salz mischen. Kräuterlinge und Margarine in kleinen Würfeln zufügen und so lange unterrühren, bis die Margarine bröselig ist. Dann die Buttermilch schnell unterkneten.

2. Teig auf bemehlter Arbeitsfläche noch einmal kurz durchkneten und zu einem Brotlaib formen. Mit einem Messer ein „X" in die Teigoberfläche ritzen. Eigelb mit 1 Esslöffel Wasser verquirlen und das Sodabrot damit bestreichen. Im vorgeheizten Backofen (E-Herd: 175 °C/Gasherd: Stufe 2) ca. 50 Minuten backen.

Zutaten für 16 Scheiben:

500 g Weizenmehl Type 550

1/2 TL Natron

1 TL Backpulver

1/2 TL Salz

3 EL Kräuterlinge (z. B. Frühlingskräuter von Knorr)

60 g Margarine (z. B. von Sanella)

350 ml Buttermilch

1 Eigelb

Mehl für die Arbeitsfläche

Roggenbrot mit Sesam

Pro Scheibe ca. 130 Kalorien • 550 Joule • Zubereitungszeit ca. 1 1/4 Stunden (ohne Wartezeit)

1. Roggen- und Weizenmehl, Roggenschrot und Hefe mischen. 450 ml lauwarmes Wasser, Sauerteig, Salz und Gewürze zufügen. Alles zu einem geschmeidigen Teig verkneten. Teig an einem warmen Ort ca. 45 Minuten abgedeckt gehen lassen.

2. Teig erneut durchkneten, dann in eine gefettete breite Kastenform füllen, nochmals ca. 15 Minuten gehen lassen.

3. Brot mit Wasser bestreichen, mit Roggenschrot und Sesam bestreuen, festdrücken und im vorgeheizten Backofen (E-Herd: 175 °C/Gasherd: Stufe 2) ca. 60 Minuten backen.

Zutaten für 20 Scheiben:

400 g Roggenmehl Type 997 (z. B. von Aurora)

140 g Weizen-Vollkornmehl (z. B. Landkorn von Aurora)

150 g Roggenschrot

1 Päckchen Trockenhefe

150 g flüssiger Sauerteig

2 TL Salz

1 TL Zucker

1 TL gemahlener Koriander

1 TL gemahlener Kreuzkümmel

Roggenschrot zum Bestreuen

40 g Sesamsamen

Fett für die Form

Leckeres Gewürzbrot

Leckeres Gewürzbrot

Pro Scheibe ca. 150 Kalorien • 630 Joule • Zubereitungszeit ca. 1 1/2 Stunden (ohne Wartezeit)

1. Weizen- und Roggenmehl in eine Schüssel schütten, in die Mitte eine Mulde drücken. Hefe hineinbröckeln, mit 100 ml lauwarmem Wasser, Zucker und etwas Mehl vom Rand verrühren. Vorteig an einem warmen Ort abgedeckt gehen lassen, bis sich das Volumen etwa verdoppelt hat.

2. 100 ml lauwarmes Wasser, Buttermilch, Sauerteig, Gewürze und Salz in die Schüssel geben und alles zu einem geschmeidigen Teig verkneten. Teig zu einem runden Brotlaib formen, auf ein gefettetes Backblech legen, dreimal über Kreuz einschneiden und mit Mehl bestäuben. Nochmals ca. 45 Minuten gehen lassen.

3. Gewürzbrot mit Wasser bestreichen und im vorgeheizten Backofen (E-Herd: 225 °C/Gasherd: Stufe 4) ca. 30 Minuten vorbacken, dann die Temperatur reduzieren und das Brot bei (E-Herd: 175 °C/Gasherd: Stufe 2) 20–30 Minuten fertig backen.

Zutaten für 20 Scheiben:

450 g Weizenvollkornmehl (z. B. Landkorn von Aurora)

400 g Roggenmehl Type 997 (z. B. Landkorn von Aurora)

1 Würfel (42 g) Hefe

1 TL Zucker

250 ml Buttermilch

150 g Sauerteig

1 EL gemahlener Kümmel

2 TL gemahlener Fenchel

2 TL gemahlener Koriander

2 TL Salz

Fett fürs Blech

Mehl zum Bestäuben

Kräuter-Speck-Brot (ohne Abbildung)

Pro Scheibe ca. 160 Kalorien • 670 Joule • Zubereitungszeit ca. 1 3/4 Stunden (ohne Wartezeit)

1. Hefe in 450 ml lauwarmem Wasser auflösen. Sauerteig einrühren. Alle Mehlsorten und Salz mischen. Hefesauerteigmischung dazugießen. Alles zu einem geschmeidigen Teig verkneten. Teig an einem warmen Ort abgedeckt ca. 30 Minuten gehen lassen.

2. Speck fein würfeln. Zwiebeln schälen, ebenfalls fein würfeln. Kräuter waschen, trockenschütteln und hacken bzw. in feine Röllchen schneiden. Speck in einer Pfanne knusprig auslassen. Zwiebelwürfel zufügen und im Speckfett goldgelb dünsten. Abkühlen lassen, dann die Kräuter untermischen und mit Pfeffer würzen.

3. Speckmischung zum Teig geben. Alles kräftig verkneten und zu einem länglichen Laib formen. Brot auf ein gefettetes Backblech legen und abgedeckt ca. 30 Minuten gehen lassen.

4. Brot in der Mitte einschneiden und mit Wasser bestreichen. Im vorgeheizten Backofen (E-Herd: 250 °C/Gasherd: Stufe 5) ca. 15 Minuten vorbacken, dann die Temperatur reduzieren (E-Herd: 200 °C/Gasherd: Stufe: 3) und das Brot ca. 30 Minuten fertig backen.

Zutaten für 24 Scheiben:

1 Würfel (42 g) Hefe

150 g flüssiger Sauerteig

375 g Roggenmehl Type 1150

125 g Weizenvollkornmehl

250 g Weizenmehl Type 405

1 EL Salz

125 g durchwachsener Speck

2 Zwiebeln

je 1 Bund Petersilie, Dill und Schnittlauch

Pfeffer

Fett fürs Blech

Mehl zum Bestreuen

Grahambrot mit Sesam

Pro Scheibe ca. 180 Kalorien • 760 Joule • Zubereitungszeit ca. 1 1/2 Stunden (ohne Wartezeit)

1. Hefe in eine Tasse bröckeln, mit Honig und 150 ml lau-warmem Wasser verrühren. Vorteig an einem warmen Ort abgedeckt ca. 15 Minuten gehen lassen.

2. Beide Schrotsorten, Salz, Butter und 300 ml lauwarmes Wasser verkneten. Vorteig zufügen, alles zu einem geschmei-digen Teig verkneten und abgedeckt ca. 45 Minuten gehen lassen.

3. Teig erneut durchkneten, zu einem Laib formen, auf ein mit Backpapier ausgelegtes Backblech legen, mit Milch bestreichen und Sesam bestreuen, festdrücken. Teig erneut ca. 30 Minuten gehen lassen.

4. Grahambrot im vorgeheizten Backofen (E-Herd: 225 °C/ Gasherd: Stufe 4) 50–60 Minuten backen.

Zutaten für 16 Scheiben:

1 Würfel (42 g) Hefe

1 EL Honig

350 g feiner Weizenvollkornschrot (Reformhaus)

400 g sehr feiner Weizenvollkornschrot (Reformhaus)

3 TL Meersalz

50 g Butter

Milch zum Bestreichen

Sesam zum Bestreuen

Achtkornbrot

Pro Scheibe ca. 130 Kalorien • 550 Joule • Zubereitungszeit ca. 2 1/4 Stunden (ohne Wartezeit)

1. Alle Mehlsorten, Buchweizen, Schrot und 100 g Sonnenblumenkerne mischen, in die Mitte eine Mulde drücken. Hefe hineinbröckeln, Zucker darüber streuen. Milch lauwarm erhitzen, über die Hefe gießen und verrühren. Vorteig an einem warmen Ort abgedeckt ca. 15 Minuten gehen lassen.

2. 250 ml lauwarmes Wasser und Salz zum Vorteig geben und alles zu einem geschmeidigen Teig verkneten. Teig an einem warmen Ort ca. 30 Minuten abgedeckt gehen lassen.

3. Teig erneut durchkneten, dann in die gefettete, mit restlichen Sonnenblumenkernen ausgestreute Laibform (von Zenker) geben, erneut abgedeckt ca. 30 Minuten gehen lassen. Im vorgeheizten Backofen (E-Herd: 250 °C/Gasherd: Stufe 5) ca. 10 Minuten vorbacken, anschließend Temperatur reduzieren (E-Herd: 200 °C/Gasherd: Stufe 3) und das Brot ca. 55 Minuten fertig backen. Nach der Hälfte der Backzeit das Brot mit Pergamentpapier abdecken.

Zutaten für 24 Scheiben:

100 g Weizenvollkornmehl
100 g Roggenvollkornmehl
100 g Gerstenvollkornmehl
100 g Hafervollkornmehl
100 g Hirsevollkornmehl
75 g gemahlener Buchweizen
75 g Dinkelschrot
125 g Sonnenblumenkerne
1 Würfel (42 g) Hefe
1 1/2 TL Zucker
375 ml Milch
2 TL Salz
Mehl für die Arbeitsfläche
Fett für die Form

Schneller Kaiserfladen

Pro Scheibe ca. 110 Kalorien • 460 Joule • Zubereitungszeit ca. 45 Minuten

1. Beide Mehlsorten, Haferflocken, Buttermilch, Natron, Salz und Zucker zu einem geschmeidigen Teig verkneten. Teig mit einem nassen Teigschaber fladenförmig auf ein mit Backpapier ausgelegtes Backblech streichen.

2. Fladen im vorgeheizten Backofen (E-Herd: 200 °C/Gasherd: Stufe 3) ca. 30 Minuten backen.

Tipp:
Servieren Sie zum Fladen angemachten Romadur. Hierfür 150 g Romadur mit einer Gabel zerdrücken, mit 300 g Paprikaquark verrühren und mit Paprikapulver abschmecken.

> **Zutaten für 12 Scheiben:**
>
> 200 g Weizenvollkornmehl
> 100 g Weizenmehl Type 550
> 60 g kernige Haferflocken
> 300 ml Buttermilch
> 1/2 TL Natron, 1/2 TL Salz
> 1/2 TL brauner Zucker

Würziges Olivenbrot (ohne Abbildung)

Pro Scheibe ca. 150 Kalorien • 630 Joule • Zubereitungszeit ca. 1 3/4 Stunden (ohne Wartezeit)

1. Zwiebeln schälen, fein würfeln und in 2 Esslöffeln Olivenöl goldgelb dünsten. Tomaten kreuzweise einritzen, mit kochendem Wasser überbrühen, kalt abschrecken und häuten. Tomaten, vierteln, entkernen und in kleine Würfel schneiden. Oliven entsteinen und fein würfeln.

2. Mehl in eine Schüssel schütten, in die Mitte eine Mulde drücken, Hefe hineinbröckeln. 100 ml lauwarmes Wasser darüber gießen. Zucker darüber streuen und alles mit etwas Mehl vom Rand verrühren. Vorteig an einem warmen Ort abgedeckt ca. 15 Minuten gehen lassen.

3. Restliches Öl, 50 ml lauwarmes Wasser, Salz, Zwiebeln, Tomaten, Oliven und Kapern zum Vorteig geben. Alles zu einem geschmeidigen Teig verkneten. Erneut ca. 30 Minuten gehen lassen.

4. Teig erneut durchkneten, zu einem runden Laib formen und auf ein mit Backpapier ausgelegtes Backblech legen, weitere 10 Minuten gehen lassen.

5. Brot im vorgeheizten Backofen (E-Herd: 225 °C/Gasherd: Stufe 4) ca. 15 Minuten vorbacken, dann die Temperatur reduzieren (E-Herd: 200 °C/Gasherd: Stufe 3) und das Brot 30–40 Minuten fertig backen.

> **Zutaten für 24 Scheiben:**
>
> 2 Zwiebeln
> 70 ml kaltgepresstes Olivenöl
> 500 g Tomaten
> 250 g schwarze Oliven
> 750 g Weizenmehl Type 405
> 1 Würfel (42 g) Hefe
> 1/2 TL Zucker
> 1 TL Salz
> 50 g Kapern

Schneller Kaiserfladen

Mediterranes Ciabatta

Pro Scheibe ca. 90 Kalorien • 380 Joule • Zubereitungszeit ca. 45 Minuten (ohne Wartezeit)

1. Beide Mehlsorten und Salz in eine Schüssel schütten. Hefe in 240 ml lauwarmem Wasser auflösen, zum Mehl gießen und alles zu einem geschmeidigen Teig verkneten. Teig zu einer Kugel formen, in die gemehlte Schüssel legen und gut verschlossen an einem warmen Ort ca. 4 Stunden gehen lassen.

2. Teig auseinander ziehen und in eine mit Olivenöl ausgestrichene Ciabattaform (z. B. von Zenker) drücken. Erneut ca. 30 Minuten gehen lassen, dann im vorgeheizten Backofen (E-Herd: 225 °C/Gasherd: Stufe 4) ca. 30 Minuten backen.

Zutaten für 15 Scheiben:

300 g Weizenmehl Type 550
100 g Weizenmehl Type 405
1 1/2 TL Salz
1/2 Würfel (21 g) Hefe
Mehl für die Schüssel
Olivenöl für die Form

Fladenbrot-Vielfalt

Pro Stück ca. 380 Kalorien • 1600 Joule • Zubereitungszeit ca. 45 Minuten (ohne Wartezeit)

1. Mehl und Trockenhefe mischen. 250 ml lauwarmes Wasser, Öl, Salz und Rosmarin zum Mehl geben und alles zu einem geschmeidigen Teig verkneten. Teig an einem warmen Ort abgedeckt ca. 60 Minuten gehen lassen.

2. Teig in sechs Portionen teilen, zu Kugeln formen und diese auf bemehlter Arbeitsfläche zu Fladen ausrollen. Fladen auf ein gefettetes Backblech legen, mit Sesam, Mohn und Sonnenblumenkernen bestreuen, festdrücken. Fladen im vorgeheizten Backofen (E-Herd: 225 °C/Gasherd: Stufe 4) ca. 15 Minuten backen.

Zutaten für 6 Fladen:

500 g Weizenvollkornmehl (Reformhaus)

1 Päckchen Trockenhefe

8 EL kaltgepresstes Olivenöl

1 TL Kräutersalz

Sesam zum Bestreuen

Mohn zum Bestreuen

Sonnenblumenkerne zum Bestreuen

Mehl für die Arbeitsfläche

Fett fürs Blech

Zwiebelbaguette

Pro Scheibe ca. 80 Kalorien • 340 Joule • Zubereitungszeit ca. 1 1/2 Stunden (ohne Wartezeit)

1. Mehl, Trockenhefe und Salz mischen. Milch lauwarm erhitzen, zur Mehlmischung gießen und alles zu einem geschmeidigen Teig verkneten. Teig an einem warmen Ort ca. 60 Minuten abgedeckt gehen lassen.

2. In der Zwischenzeit Zwiebeln schälen, hacken und im Öl glasig dünsten, abkühlen lassen, zum Teig geben und unterkneten. Teig nochmals ca. 30 Minuten gehen lassen.

3. Teig erneut durchkneten, zu zwei langen schmalen Broten formen, auf ein mit Backpapier ausgelegtes Backblech legen und mit Milch bestreichen. Im vorgeheizten Backofen (E-Herd: 200 °C/Gasherd: Stufe 3) ca. 30 Minuten backen.

Zutaten für 24 Scheiben:

500 g Weizenvollkornmehl (Reformhaus)

1 Päckchen Trockenhefe

2 TL Meersalz

300 ml Milch

250 g Zwiebeln

2 EL kaltgepresstes Olivenöl

Milch zum Bestreichen

Party-Speckbrot (ohne Abbildung)

Pro Scheibe ca. 100 Kalorien • 420 Joule • Zubereitungszeit ca. 2 Stunden (ohne Wartezeit)

1. Roggen- und Weizenmehl in eine Schüssel schütten, in die Mitte eine Mulde drücken. Hefe hineinbröckeln. 100 ml lauwarmes Wasser über die Hefe gießen, Zucker darüber streuen. Alles mit etwas Mehl vom Rand verrühren. Vorteig an einem warmen Ort abgedeckt ca. 15 Minuten gehen lassen.

2. Speck fein würfeln und in einer Pfanne knusprig auslassen. Einen Esslöffel Speckwürfel zum Bestreuen beiseite stellen. Alles abkühlen lassen.

3. Speckwürfel mit ausgelassenem Fett, 400 ml lauwarmem Wasser, Sauerteig und Salz zum Vorteig geben. Alles zu einem geschmeidigen Teig verkneten. Abgedeckt ca. 30 Minuten gehen lassen.

4. Teig auf bemehlter Arbeitsfläche erneut durchkneten, zu einem runden Laib formen und auf ein mit Backpapier ausgelegtes Backblech setzen. Abgedeckt erneut gehen lassen, bis sich das Volumen verdoppelt hat.

5. Brot mit Wasser einstreichen und mit restlichen Speckwürfeln bestreuen, festdrücken. Im vorgeheizten Backofen (E-Herd: 200 °C/Gasherd: Stufe 3) ca. 60 Minuten backen.

Zutaten für 20 Scheiben:

375 g Roggenmehl Type 997

375 g Weizenmehl Type 1050

1 Würfel (42 g) Hefe

1 TL Zucker

200 g durchwachsener Speck

150 g flüssiger Sauerteig

3 TL Salz

Mehl für die Arbeitsfläche

Zwiebelbaguette

Pikante Minibaguettes

Pro Stück ca. 740 Kalorien • 3110 Joule • Zubereitungszeit ca. 1 Stunde (ohne Wartezeit)

1. Backmischung mit 250 ml lauwarmem Waser zu einem geschmeidigen Teig verkneten. Teig an einem warmen Ort abgedeckt ca. 30 Minuten gehen lassen.

2. Schinkenspeck fein würfeln, in einer Pfanne auslassen und anschließend abkühlen lassen. Teig dritteln, je eine Portion mit Speck, Röstzwiebeln und Nüssen verkneten. Jeden Teig zu einem kleinen Baguette formen. Oberfläche mit Mehl bestäuben. Baguettes auf ein mit Backpapier ausgelegtes Backblech legen und abgedeckt ca. 20 Minuten gehen lassen.

3. Baguettes mehrfach 1 cm tief einschneiden und im vorgeheizten Backofen (E-Herd: 225 °C/Gasherd: Stufe 4) ca. 20 Minuten backen.

Zutaten für 3 Stück:

500 g Backmischung für Frisches Frühstücksbrot (z. B. von Aurora)

35 g Schinkenspeck

30 g Röstzwiebeln

25 g gehackte Walnüsse

Mehl zum Bestäuben

Power-Brot

Pro Scheibe ca. 110 Kalorien • 460 Joule • Zubereitungszeit ca. 1 1/2 Stunden (ohne Wartezeit)

1. Brokkoliröschen in Salzwasser 3 Minuten blanchieren, abgießen, abschrecken und gut abtropfen lassen. Paprika putzen und fein würfeln. Möhre schälen und raspeln.

2. Brotbackmischung und 270 ml lauwarmes Wasser zu einem geschmeidigen Teig verkneten, zum Schluss das Gemüse unterarbeiten. Teig an einem warmen Ort abgedeckt ca. 30 Minuten gehen lassen.

3. Teig in eine mit Backpapier ausgelegte Springform (26 cm Ø) füllen. Abgedeckt nochmals 30–40 Minuten gehen lassen. Power-Brot im vorgeheizten Backofen (E-Herd: 225 °C/Gasherd: Stufe 4) ca. 10 Minuten vorbacken, dann die Temperatur reduzieren (E-Herd: 200 °C/Gasherd: Stufe 3) und das Brot ca. 40 Minuten fertig backen.

Zutaten für 16 Scheiben:

100 g Brokkoliröschen

Salz

1 kleine rote Paprikaschote

1 Möhre (ca. 75 g)

500 g Brotbackmischung für Dinkel-Grünkern-Brot (z. B. von Aurora)

Überraschungsbrot

Überraschungsbrot

Pro Scheibe ca. 210 Kalorien • 880 Joule • Zubereitungszeit ca. 1 3/4 Stunden (ohne Wartezeit)

1. Weizen- und Roggenmehl, Hefe, Sauerteigpulver und Salz mischen. Ca. 500 ml lauwarmes Wasser nach und nach zum Mehlgemisch gießen und unterkneten. Der Teig muss sich zum Schluss trocken und glatt anfühlen. Teig an einem warmen Ort abgedeckt ca. 30 Minuten gehen lassen.

2. Eier 7 Minuten kochen, abgießen, abschrecken und pellen. Petersilie waschen, trockenschütteln, hacken und unter den Teig kneten. Teig ca. 3 cm dick ausrollen. Eier in die Mitte des Brotlaibs drücken, Cabanossi links und rechts von den Eiern in den Teig drücken. Zwischen Eiern und Cabanossi je eine dünne Teigrolle drücken. Teigenden über Cabanossi und Eier schlagen, festdrücken. Brot mit der Nahtstelle nach unten auf ein gefettetes, mit Mehl bestäubtes Backblech legen. Brot rundherum mit Mehl bestäuben. Im vorgeheizten Backofen (E-Herd: 200 °C/ Gasherd: Stufe 3) ca. 60 Minuten backen.

Zutaten für 20 Scheiben:

600 g Weizenmehl Type 405

400 g Roggenvollkornmehl

2 Päckchen Trockenhefe

1 TL Sauerteigpulver

1 EL Salz

4 deutsche Eier

3 Bund Petersilie

2 Cabanossi

Fett und Mehl fürs Blech

Mehl zum Bestäuben

Kräuter-Knoblauch-Brot (ohne Abbildung)

Pro Scheibe ca. 110 Kalorien • 460 Joule • Zubereitungszeit ca. 1 3/4 Stunden (ohne Wartezeit)

1. Hefe und Zucker in 250 ml lauwarmem Wasser auflösen. Vorteig an einem warmen Ort ca. 20 Minuten abgedeckt gehen lassen.

2. Butter zerlassen, mit Roggen- und Weizenmehl, 1 Teelöffel Salz und Ei zum Vorteig geben und alles zu einem geschmeidigen Teig verkneten. Abgedeckt so lange gehen lassen, bis sich sein Volumen verdoppelt hat.

3. Teig erneut durchkneten und auf bemehlter Arbeitsfläche zu einem Rechteck ausrollen. Knoblauch schälen, fein hacken, mit Öl und 1 Prise Salz vermischen und auf die Teigplatte streichen. Kräuter waschen, trockenschütteln und hacken bzw. in feine Röllchen schneiden. Kräuter und Nüsse auf den Teig streuen. Teig aufrollen, in eine gefettete Kastenform (30 cm lang) legen und erneut 20 Minuten gehen lassen.

4. Kräuterbrot mit einem Messer der Länge nach einschneiden, mit Kondensmilch bestreichen und im vorgeheizten Backofen (E-Herd: 200 °C/Gasherd: Stufe 3) 50–60 Minuten backen.

Zutaten für 24 Scheiben:

1 Würfel (42 g) Hefe

1 TL Zucker

50 g Butter

200 g Roggenmehl Type 997 (z. B. Landkorn von Aurora)

300 g Weizenmehl Type 405 (z. B. Sonnenstern von Aurora)

Salz

1 Ei

1 Knoblauchzehe

1 EL Öl

je 1 Bund Petersilie, Basilikum und Schnittlauch

50 g gehackte Haselnüsse

Mehl für die Arbeitsfläche

Fett für die Form

Kondensmilch zum Bestreichen

Oliven-Kräuter-Brot

Pro Scheibe ca. 100 Kalorien • 420 Joule • Zubereitungszeit ca. 1 Stunde (ohne Wartezeit)

1. Hefe in 125 ml lauwarmem Wasser auflösen, mit Mehl, Zucker, 1 1/2 Teelöffel Salz und 3 EL Öl zu einem geschmeidigen Teig verkneten. Teig an einem warmen Ort abgedeckt gehen lassen, bis sich das Volumen etwa verdoppelt hat.

2. Oliven entsteinen, in kleine Würfel schneiden und mit 1 Esslöffel Kräuter der Provence mischen. Teig erneut durchkneten und auf bemehlter Arbeitsfläche zu einem 30 x 40 cm großen Rechteck ausrollen. Teig mit restlichem Öl einstreichen, Olivenmischung darauf verteilen.

3. Teig von der langen Seite her aufrollen und mit der Nahtstelle nach unten auf ein mit Backpapier ausgelegtes Backblech legen. Brot mit Salzwasser bestreichen und mit einem Messer mehrmals diagonal einschneiden. Restliche Kräuter darüber streuen und das Brot im vorgeheizten Backofen (E-Herd: 200 °C/Gasherd: Stufe 3) 20–25 Minuten goldbraun backen.

Zutaten für 16 Scheiben:

1/2 Würfel (21 g) Hefe

300 g Weizenmehl Type 405

1 Prise Zucker

Salz

5 EL Olivenöl (z. B. Robusto von Bertolli)

100 g schwarze Oliven

1 1/2 EL Kräuter der Provence

Mehl für die Arbeitsfläche

Schwarzwälder Sauerkrautrolle

Pro Scheibe ca. 130 Kalorien • 550 Joule • Zubereitungszeit ca. 1 3/4 Stunden (ohne Wartezeit)

1. Backmischung mit 340 ml lauwarmem Wasser zu einem geschmeidigen Teig verkneten. Teig an einem warmen Ort ca. 30 Minuten abgedeckt gehen lassen.

2. Teig erneut durchkneten, anschließend auf bemehlter Arbeitsfläche zu einer Kugel formen und erneut 30 Minuten gehen lassen.

3. Zwiebel schälen und fein hacken. Speck würfeln. Speck im Öl auslassen, Zwiebel zufügen und im Speckfett glasig dünsten. Sauerkraut mit einer Gabel zerzupfen, zur Speck-Zwiebel-Mischung geben und 10 Minuten mitdünsten.

4. Teig auf bemehlter Fläche zu einem 30 x 40 cm großen Rechteck ausrollen, Sauerkrautmischung darauf verteilen, dabei einen 1 cm breiten Rand frei lassen. Teig aufrollen, auf ein mit Backpapier ausgelegtes Backblech legen und weitere 40 Minuten gehen lassen.

5. Sauerkrautrolle im vorgeheizten Backofen (E-Herd: 175 °C/ Gasherd: Stufe 2) ca. 45 Minuten backen.

> **Zutaten für 18 Scheiben:**
>
> *500 g Brotbackmischung für Bauernkruste (z. B. von Aurora)*
>
> *1 Zwiebel*
>
> *70 g magerer durchwachsener Speck*
>
> *2 EL Öl*
>
> *550 g Sauerkraut*
>
> *Mehl für die Arbeitsfläche*

Terrakotta-Geheimnis

Pro Scheibe ca. 200 Kalorien • 840 Joule • Zubereitungszeit ca. 2 1/4 Stunden (ohne Wartezeit)

1. Beide Mehlsorten und Roggenschrot in einer Schüssel mischen, in die Mitte eine Mulde drücken. Hefe hineinbröckeln, 75 ml lauwarmes Wasser dazugießen, Hefe, Wasser und etwas Mehl vom Rand verrühren. Vorteig an einem warmen Ort abgedeckt ca. 20 Minuten gehen lassen. Tontopf (2 l Inhalt) wässern.

2. Butter, 1 Teelöffel Salz und 300 ml lauwarmes Wasser in die Schüssel geben und alles zu einem geschmeidigen Teig verkneten. Teig in die gewässerte Tonform geben und abgedeckt ca. 30 Minuten gehen lassen.

3. Brokkoli putzen. Möhren schälen und in Stifte schneiden. Lauchzwiebeln putzen und in Stücke schneiden. Gemüsesorten getrennt in Salzwasser bissfest garen, gut abtropfen lassen.

4. In die Mitte des Teiges der Länge nach eine Mulde drücken. Die Hälfte des Käses hineinstreuen, Möhren und Brokkoli in die Teigmitte, Lauchzwiebeln in den Rand drücken. Alles mit restlichem Käse bestreuen und mit Öl beträufeln. Form zudecken und auf der untersten Schiene in den kalten Backofen stellen. Dann ca. 80 Minuten backen (E-Herd: 200 °C/Gasherd: Stufe 3).

Zutaten für 12 Scheiben:

200 g Weizenvollkornmehl
250 g Weizenmehl Type 1050
50 g Roggenschrot
1/2 Würfel (21 g) Hefe
50 g Butter
Salz
150 g Brokkoliröschen
100 g Möhren
1/2 Bund Lauchzwiebeln
50 g geriebener Emmentaler
2 EL Öl

Body-up-Rolle (ohne Abbildung)

Pro Scheibe ca. 120 Kalorien • 500 Joule • Zubereitungszeit ca. 1 1/4 Stunden (ohne Wartezeit)

1. Backmischung, 270 ml lauwarmes Wasser und 50 g Käse zu einem geschmeidigen Teig verkneten. Teig an einem warmen Ort ca. 30 Minuten abgedeckt gehen lassen.

2. In der Zwischenzeit Frühlingszwiebeln putzen und in feine Röllchen schneiden, im heißen Öl andünsten und wieder abkühlen lassen.

3. Teig auf bemehlter Fläche zu einem Rechteck ausrollen, Frühlingszwiebeln und restlichen Käse darauf verteilen. Teig aufrollen und auf ein mit Backpapier ausgelegtes Backblech legen. Oberfläche mit Wasser bestreichen, mit Sesam bestreuen, festdrücken. Erneut ca. 40 Minuten gehen lassen.

4. Rolle im vorgeheizten Backofen (E-Herd: 225 °C/Gasherd: Stufe 4) ca. 10 Minuten vorbacken, dann die Temperatur reduzieren (E-Herd: 200 °C/Gasherd: Stufe 3) und das Brot 35 Minuten zu Ende backen.

Zutaten für 20 Scheiben:

1 Packung (500 g) Frisches Frühstücksbrot (z. B. von Aurora)
100 g geriebener Emmentaler
1 Bund Frühlingszwiebeln
1 EL Öl
3 EL Sesam
Mehl für die Arbeitsfläche

Terrakotta-Geheimnis

Kräuterrolle mit Schafskäse

Kräuterrolle mit Schafskäse

Pro Scheibe ca. 110 Kalorien • 460 Joule • Zubereitungszeit ca. 1 1/4 Stunden

1. Für die Füllung Zwiebel und Knoblauch schälen und fein hacken. Kräuter waschen, trockenschütteln und in feine Röllchen schneiden bzw. hacken. Alles mit Crème fraîche verrühren, mit Pfeffer, Salz und Muskat abschmecken. Schafskäse fein würfeln und unterrühren.

2. Pizzateigmischung mit 125 ml lauwarmem Wasser verkneten. Teig zu einem ca. 25 x 25 cm großen Quadrat ausrollen. Füllung darauf verstreichen, dabei einen 3 cm breiten Rand frei lassen. Teig aufrollen und an den Seiten gut festdrücken. Rolle auf ein mit Backpapier ausgelegtes Backblech legen und mit verquirltem Eigelb bestreichen. Im vorgeheizten Backofen (E-Herd: 200 °C/Gasherd: Stufe 3) 20–25 Minuten backen.

Zutaten für 12 Scheiben:

1 kleine Zwiebel

1 Knoblauchzehe

je 1 Bund Schnittlauch, Petersilie und Basilikum

1 EL Crème fraîche

Pfeffer, Salz

abgeriebene Muskatnuss

100 g Schafskäse

1 Beutel Pizzateig (z. B. von Mondamin)

1 Eigelb

Bauernpastete mit Hack (ohne Abbildung)

Pro Scheibe ca. 290 Kalorien • 1220 Joule • Zubereitungszeit ca. 2 Stunden (ohne Wartezeit)

1. Backmischung und 340 ml lauwarmes Wasser zu einem geschmeidigen Teig verkneten. Teig an einem warmen Ort ca. 30 Minuten abgedeckt gehen lassen.

2. Zwiebel schälen, fein hacken und im heißen Öl glasig dünsten. Hackfleisch zufügen und anbraten. Tomaten waschen, halbieren, entkernen und würfeln. Zucchini und Pilze putzen, ebenfalls würfeln. Gemüse zum Hackfleisch geben und 5 Minuten dünsten. Mit Salz, Pfeffer und Senf abschmecken, abkühlen lassen. Brötchen in kaltem Wasser einweichen.

3. Teig erneut durchkneten, auf gut bemehlter Arbeitsfläche ausrollen und eine gefettete Kranzform (24 cm Ø) damit so auslegen, dass er über den Rand hängt. Abgedeckt ca. 40 Minuten gehen lassen.

4. Schnittlauch waschen, trockenschütteln und in Röllchen schneiden. Ein Ei trennen. Brötchen ausdrücken, mit ganzen Eiern, Eiweiß, Schnittlauch und Kräutern der Provence unter die Hackmischung arbeiten.

5. Hackmasse in der Form verteilen, den überstehenden Teig über die Füllung legen und fest andrücken. Eigelb mit Kondensmilch verquirlen und den Teig damit bestreichen. Teig mit einer Gabel mehrmals einstechen, dann im vorgeheizten Backofen (E-Herd: 200 °C/Gasherd: Stufe 3) ca. 40 Minuten backen, evtl. nach 20 Minuten mit Alufolie abdecken, damit die Pastete nicht zu dunkel wird.

Zutaten für 12 Scheiben:

500 g Backmischung für Bauernkruste (z. B. von Aurora)

1 Zwiebel

2 EL Öl

600 g Rinderhackfleisch

2 Tomaten

1 Zucchini (100 g)

100 g Champignons

Salz, Pfeffer

2 EL süßer Senf

1 Brötchen vom Vortag

1 Bund Schnittlauch

3 Eier

1 EL Kräuter der Provence

2 EL Kondensmilch

Mehl für die Arbeitsfläche

Fett für die Form

Saftiges Früchtebrot

Pro Scheibe ca. 330 Kalorien • 1390 Joule • Zubereitungszeit ca. 2 1/4 Stunden (ohne Wartezeit)

1. Getrocknete Früchte mit 1 Liter Wasser übergießen. Über Nacht einweichen lassen.

2. Früchte am nächsten Tag abgießen und sehr klein schneiden. Mit Nüssen, Rosinen, Sukkade, Orangeat, 125 g Zucker, Zimt, Lebkuchengewürz, 1 Prise Salz, Rum, Zitronenschale von einer Frucht und Zitronensaft vermischen, alles ca. 30 Minuten ziehen lassen.

3. Milch lauwarm erhitzen, Hefe hineinbröckeln, restlichen Zucker einrühren. Mehl, 1 Prise Salz und restliche Zitronenschale zufügen und alles zu einem geschmeidigen Teig verkneten. Teig an einem warmen Ort abgedeckt gehen lassen, bis sich das Volumen etwa verdoppelt hat.

4. Ein Viertel des Teiges unter die Fruchtmischung rühren, den Rest auf bemehlter Arbeitsfläche ausrollen. Fruchtmischung auf den Teig geben und sorgfältig einschlagen. Früchtebrot auf ein mit Backpapier ausgelegtes Backblech legen, mit verquirltem Eigelb bestreichen und mit Mandeln verzieren. Im vorgeheizten Backofen (E-Herd: 175–200 °C/ Gasherd: Stufe 2–3) 60–75 Minuten backen.

Zutaten für 16 Scheiben:

725 g getrocknete Früchte

125 g gehackte Nüsse

125 g Rosinen, 60 g Sukkade

60 g Orangeat, 150 g Zucker

1 TL Zimt, 1 TL Lebkuchengewürz

Salz, 2 EL Rum

abgeriebene Schale von 1 1/2 unbehandelten Zitronen

4 EL Zitronensaft

200 ml Milch

1/2 Würfel (21 g) Hefe

350 g Hefegebäck- und Strudelmehl (z. B. Feine Mühle von Aurora)

Mehl zum Ausrollen

1 Eigelb zum Bestreichen

Mandeln zum Verzieren

Feinschmecker-Brot (ohne Abbildung)

Pro Scheibe ca. 140 Kalorien • 590 Joule • Zubereitungszeit ca. 1 1/4 Stunden (ohne Wartezeit)

1. Mehl, Müsli, Haferflocken und Trockenhefe mischen. Öl, Zucker und Salz zufügen, nach und nach 375 ml lauwarmes Wasser unterkneten. Teig an einem warmen Ort ca. 30 Minuten abgedeckt gehen lassen.

2. Teig erneut durchkneten, zu einem Brotlaib formen und diesen in den Haferflocken wälzen. Brot auf ein mit Backpapier ausgelegtes Backblech legen, mit Milch bestreichen und erneut ca. 20 Minuten gehen lassen.

3. Brot im vorgeheizten Backofen (E-Herd: 200 °C/Gasherd: Stufe 3) 50–60 Minuten backen.

Tipp:
Dieses kuchenartige Brot sollten Sie möglichst frisch genießen. Besonders lecker schmeckt es mit Butter, Marmelade oder Honig bestrichen.

Zutaten für 20 Scheiben:

500 g Weizenmehl Type 1050

200 g Feinschmecker Müsli (z. B. von Kölln)

3 EL kernige Haferflocken (z. B. von Kölln)

2 Päckchen Trockenhefe

1 EL Sonnenblumenöl

1 TL Zucker

1/2 TL Salz

2 EL kernige Haferflocken zum Wälzen

4 EL Milch zum Bestreichen

Saftiges Früchtebrot

Bremer Klaben

Bremer Klaben

Pro Scheibe ca. 330 Kalorien • 1390 Joule • Zubereitungszeit ca. 1 3/4 Stunden (ohne Wartezeit)

1. Sultaninen waschen und gut abtropfen lassen. Sukkade und Orangeat fein hacken. Alles mit Mandeln und Rum mischen, abgedeckt einige Stunden marinieren lassen.

2. Milch lauwarm erhitzen, Hefe und 1 Teelöffel Zucker darin auflösen. 250 g Mehl unterrühren. Alles an einem warmen Ort ca. 30 Minuten abgedeckt gehen lassen.

3. Restliches Mehl, übrigen Zucker, Butter, Salz, Kardamom, Zitronensaft und -schale unter den Vorteig kneten. Zum Schluss Frucht-Nuss-Mischung mit Rum unterarbeiten. Teig in eine gefettete Kastenform (40 cm Länge) füllen. Abgedeckt noch einmal 1 Stunde gehen lassen.

4. Klaben im vorgeheizten Backofen (E-Herd: 175 °C/Gasherd: Stufe 2) auf der unteren Schiene ca. 1 Stunde backen. Nach 40 Minuten mit Pergamentpapier abdecken. Klaben mit Puderzucker bestäubt servieren.

Zutaten für 30 Scheiben:

700 g Sultaninen

80 g Sukkade

60 Orangeat

60 g gehackte Mandeln

3 cl Rum

300 ml Milch

2 Würfel (84 g) Hefe

80 g Zucker

1 kg Weizenmehl Type 405

400 g weiche Butter

1/2 TL Salz

1/2 TL gemahlener Kardamom

Saft und abgeriebene Schale von 1 unbehandelten Zitrone

Fett für die Form

80 g Puderzucker zum Bestäuben

Osterbrote (ohne Abbildung)

Pro Scheibe ca. 160 Kalorien • 670 Joule • Zubereitungszeit ca. 1 Stunde (ohne Wartezeit)

1. Mehl in eine Schüssel schütten, in die Mitte eine Mulde drücken, Hefe hineinbröckeln. Milch lauwarm erhitzen, über die Hefe gießen, alles mit etwas Mehl vom Rand verrühren. Vorteig an einem warmen Ort abgedeckt ca. 15 Minuten gehen lassen.

2. Butter schmelzen, mit Zucker, Salz, Zitronenschale und Eigelb zum Vorteig geben. Alles zu einem geschmeidigen Teig verkneten, Teig abgedeckt ca. 15 Minuten gehen lassen.

3. Rosinen unter den Teig kneten, diesen halbieren und zu zwei runden Laiben formen. Brote auf ein mit Backpapier ausgelegtes Backblech legen, etwas flach drücken, über Kreuz einschneiden und mit verquirltem Eigelb bestreichen. Brote im vorgeheizten Backofen (E-Herd: 200 °C/Gasherd: Stufe 3) ca. 5 Minuten vorbacken, dann die Temperatur reduzieren (E-Herd: 175 °C/Gasherd: Stufe 2) und die Brote ca. 30 Minuten fertig backen.

Zutaten für 24 Scheiben:

600 g Weizenmehl Type 405

1 Würfel (42 g) Hefe

250 ml Milch

120 g Joghurtbutter (z. B. von Meggle)

70 g Zucker

1 TL Salz

abgeriebene Schale von 1 unbehandelten Zitrone

3 Eigelb

120 g Rosinen

1 Eigelb zum Bestreichen

Rosinen-Hefezopf

Pro Scheibe ca. 170 Kalorien • 1210 Joule • Zubereitungszeit ca. 1 Stunde (ohne Wartezeit)

1. Milch lauwarm erhitzen, Hefe darin auflösen. Zucker, Mehl, Zitronenschale, Salz und Öl zufügen und alles so lange verkneten, bis sich der Teig vom Schüsselboden löst. Dann Rosinen unterkneten. Teig an einem warmen Ort ca. 30 Minuten abgedeckt gehen lassen.

2. Teig in drei Portionen teilen und zu je 30 cm langen Rollen formen, diese zu einem Zopf flechten. Enden festdrücken. Zopf auf ein gefettetes Backblech legen und nochmals ca. 30 Minuten gehen lassen.

3. Zopf im vorgeheizten Backofen (E-Herd: 175 °C/Gasherd: Stufe 2) ca. 25 Minuten backen. 10 Minuten vor Ende der Backzeit den Zopf mit verquirltem Eigelb bestreichen und mit Hagelzucker bestreuen.

Zutaten für 20 Scheiben:

250 ml Milch

30 g frische Hefe

80 g Zucker

500 g Weizenmehl Type 405

*abgeriebene Schale von
1 unbehandelten Zitrone*

1/2 TL Salz

8 EL Keimöl (z. B. Mazola)

150 g Rosinen

1 Eigelb

Hagelzucker zum Bestreuen

Fett fürs Blech

Vital-Würzbrot

Pro Scheibe ca. 160 Kalorien • 670 Joule • Zubereitungszeit ca. 1 1/4 Stunden (ohne Wartezeit)

1. Walnüsse grob hacken, Aprikosen fein würfeln. Beides mit der Backmischung, 250 ml lauwarmem Wasser, Honig und Gewürzen zu einem geschmeidigen Teig verkneten. Teig an einem warmen Ort 20–30 Minuten abgedeckt gehen lassen.

2. Teig in eine gefettete Kastenform (24 cm lang) füllen und im vorgeheizten Backofen (E-Herd: 225 °C/Gasherd: Stufe 4) ca. 10 Minuten vorbacken, dann die Temperatur reduzieren (E-Herd: 200 °C/Gasherd: Stufe 3) und das Brot ca. 40 Minuten zu Ende backen.

Zutaten für 15 Scheiben:

60 g Walnüsse

100 g getrocknete Aprikosen

500 g Backmischung für Dinkel-Grünkern-Brot (z. B. von Aurora)

2 EL Honig

1 TL gemahlener Koriander

1 TL gemahlener Fenchel

Fett für die Form

Kleine Hefezöpfe

Pro Stück ca. 400 Kalorien • 1680 Joule • Zubereitungszeit ca. 1 1/4 Stunden (ohne Wartezeit)

1. Mehl in eine Schüssel schütten, in die Mitte eine Mulde drücken. Hefe hineinbröckeln. Milch lauwarm erhitzen, über die Hefe gießen, Milch, Hefe und etwas Mehl vom Rand verrühren. Vorteig an einem warmen Ort abgedeckt ca. 15 Minuten gehen lassen.

2. Ei, Zitronenschale, Zucker, Salz und Brotaufstrich zum Vorteig geben. Alles zu einem geschmeidigen Teig verkneten und abgedeckt ca. 30 Minuten gehen lassen.

3. Teig in acht Portionen teilen. Jede Portion zu drei dünnen, langen Rollen formen und diese zu Zöpfen flechten. Enden fest aneinander drücken. Zöpfe auf ein mit Backpapier ausgelegtes Backblech legen und erneut ca. 15 Minuten gehen lassen.

4. Zöpfe mit verquirltem Eigelb bestreichen und im vorgeheizten Backofen (E-Herd: 200 °C/Gasherd: Stufe 3) ca. 10 Minuten vorbacken. Dann die Temperatur reduzieren (E-Herd: 150 °C/Gasherd: Stufe 1) und die Zöpfe 15–20 Minuten fertig backen.

Zutaten für 8 Stück:

600 g Weizenmehl Type 550

1 Würfel (42 g) Hefe

260 ml Milch

1 Ei

abgeriebene Schale von 1 unbehandelten Zitrone

90 g Zucker

1/2 TL Salz

125 g Brotaufstrich (z. B. von Bertolli) oder Margarine

2 Eigelb zum Bestreichen

Schnelles Mandelbrot (ohne Abbildung)

Pro Scheibe ca. 330 Kalorien • 1390 Joule • Zubereitungszeit ca. 1 1/4 Stunden

1. Mehl, Backpulver, Natron, Zucker und Salz mischen. Butter unterkneten. Haferflocken, Mandeln, Buttermilch und Ei zufügen und alles zu einem geschmeidigen Teig verkneten.

2. Teig zu einer Kugel formen und auf ein mit Backpapier ausgelegtes Backblech legen, etwas flach drücken. Brot mit geschmolzener Butter bestreichen, mit Zucker bestreuen und kreuzweise 5 cm tief einschneiden. Im vorgeheizten Backofen (E-Herd: 200 °C/Gasherd: Stufe 3) 50–60 Minuten backen.

Zutaten für 12 Scheiben:

600 g Weizenmehl Type 405

2 EL Backpulver

3 EL Zucker

1 TL Salz

50 g weiche Butter

120 g kernige Haferflocken

120 g gehackte Mandeln

300 ml Buttermilch

1 Ei

1 EL geschmolzene Butter zum Bestreichen

1 EL Zucker zum Bestreuen

Schoko-Müsli-Zopf

Schoko-Müsli-Zopf

Pro Scheibe ca. 140 Kalorien • 590 Joule • Zubereitungszeit ca. 1 1/4 Stunden (ohne Wartezeit)

1. Milch lauwarm erhitzen. Hefe in 100 ml Milch auflösen, Zucker und 1 Esslöffel Mehl einrühren. Vorteig an einem warmen Ort 5–10 Minuten abgedeckt gehen lassen.

2. Restliches Mehl, Müsli und Salz mischen. Restliche Milch, Öl und Vorteig zufügen und alles zu einem geschmeidigen Teig verkneten. Teig ca. 30 Minuten gehen lassen.

3. Teig erneut durchkneten, dann in drei Portionen teilen und diese zu gleich langen Rollen formen. Teigrollen auf einem mit Backpapier ausgelegten Backblech zu einem Zopf flechten. Abgedeckt ca. 15 Minuten gehen lassen.

4. Eigelb und Milch verquirlen und den Zopf damit bestreichen. Mit Haferflocken bestreuen und im vorgeheizten Backofen (E-Herd: 225 °C/Gasherd: Stufe 4) 30–35 Minuten backen, dabei eine mit Wasser gefüllte Tasse in den Ofen stellen.

Zutaten für 20 Scheiben:

250 ml Milch

1/2 Würfel (21 g) Hefe

1 TL Zucker

375 g Weizenvollkornmehl

250 g Schokomüsli (z. B. von Kölln)

1 Prise Salz

2 EL Öl

1 Eigelb

2 EL Milch zum Bestreichen

3 EL kernige Haferflocken zum Bestreuen

Honig-Bananen-Brot

Pro Scheibe ca. 110 Kalorien • 460 Joule • Zubereitungszeit ca. 1 1/4 Stunden (ohne Wartezeit)

1. Mehl und Trockenhefe mischen. Bananen zerdrücken, mit 250 ml lauwarmem Wasser, Honig, Vanillin-Zucker, Salz und Butter zum Mehl geben. Alles zu einem geschmeidigen Teig verkneten. Teig an einem warmen Ort abgedeckt gehen lassen, bis sich das Volumen etwa verdoppelt hat.

2. Teig in eine gefettete Kastenform (30 cm lang) füllen, abgedeckt erneut ca. 20 Minuten gehen lassen.

3. Brot im vorgeheizten Backofen (E-Herd: 175 °C/Gasherd: Stufe 2) ca. 45 Minuten backen.

Zutaten für 20 Scheiben:

500 g Weizenmehl Type 550

1 Päckchen Trockenhefe

1 Banane

3 EL Honig

2 Päckchen Vanillin-Zucker

1 TL Salz

30 g weiche Butter

Westfälischer Bauernstuten

Pro Scheibe ca. 150 Kalorien • 630 Joule • Zubereitungszeit ca. 1 1/2 Stunden (ohne Wartezeit)

1. Mehl in eine Schüssel schütten, in die Mitte eine Mulde drücken. Milch lauwarm erhitzen. Hefe in die Mulde bröckeln, etwas Milch darüber gießen. Hefe, Milch und etwas Mehl vom Rand zu einem dickflüssigen Vorteig verrühren. Vorteig mit Mehl bestäuben und an einem warmen Ort abgedeckt gehen lassen, bis das Mehl darüber Risse zeigt.

2. Restliche Milch, Zucker, Salz und Schmalz zufügen und alles zu einem geschmeidigen Teig verkneten. Teig in eine gefettete Kastenform (42 cm lang) füllen und erneut ca. 30 Minuten gehen lassen.

3. Brot mit Milch einstreichen und im vorgeheizten Backofen (E-Herd: 200 °C/Gasherd: Stufe 3) ca. 60 Minuten backen.

Zutaten für 30 Scheiben:

1 kg Weizenmehl Type 405
500 ml Milch
1 Würfel (42 g) Hefe
60 g Zucker
1 TL Salz
60 g Schweineschmalz
Milch zum Bestreichen
Fett für die Form

Gehaltvolles Apfelbrot

Pro Scheibe ca. 250 Kalorien • 1050 Joule • Zubereitungszeit ca.1 3/4 Stunden (ohne Wartezeit)

1. Pflaumen entsteinen, Pflaumen und Aprikosen grob zerschneiden. Äpfel schälen, vierteln, entkernen und raspeln. Äpfel, Trockenobst, Orangeat, Sukkade, Zitronenschale und Zucker mischen und über Nacht Saft ziehen lassen.

2. Am nächsten Tag Mehl, Backpulver und Kakao mischen. Mandeln, Kirschwasser, Gewürze und die Obstmischung zufügen und alles zu einem glatten Teig verarbeiten. Teig in eine mit Fett und Paniermehl ausgestreute Kastenform (30 cm lang) verteilen und im vorgeheizten Backofen (E-Herd: 200 °C/Gasherd: Stufe 3) 50–60 Minuten backen, nach 30 Minuten mit Pergamentpapier abdecken, damit das Brot nicht zu dunkel wird.

Zutaten für 20 Scheiben:

125 g Trockenpflaumen

125 g getrocknete Aprikosen

750 g mürbe Äpfel (z. B. Gloster oder Idared)

125 g Sultaninen

50 g Orangeat, 50 g Sukkade

abgeriebene Schale von 1/2 unbehandelten Zitrone

250 g Zucker

500 g Mehl Type 405

1 1/2 Päckchen Backpulver

1 EL Kakaopulver

125 g ganze Mandeln, ungeschält

2 cl Kirschwasser, 1/2 TL Zimt

je 1 Msp. gemahlener Anis, Kardamom und Nelken

Fett und Paniermehl für die Form

Kerniges Dattelbrot

Pro Scheibe ca. 160 Kalorien • 670 Joule • Zubereitungszeit ca. 1 3/4 Stunden (ohne Wartezeit)

1. Mehl in eine Schüssel schütten, in die Mitte eine Mulde drücken. 100 ml lauwarmes Wasser in die Mulde gießen, Hefe und Zucker darin auflösen, etwas Mehl vom Rand einrühren, dann an einem warmen Ort ca. 30 Minuten abgedeckt gehen lassen.

2. Salz, Haferflocken und 400 ml lauwarmes Wasser in die Schüssel geben und alles zu einem geschmeidigen Teig verkneten. Abgedeckt 45–60 Minuten gehen lassen.

3. Datteln halbieren, entsteinen, in grobe Stücke schneiden und unter den Teig kneten. Teig halbieren, zu zwei Brotlaiben formen und auf ein mit Backpapier ausgelegtes Backblech legen. Abgedeckt noch 15 Minuten gehen lassen. Dann im vorgeheizten Backofen (E-Herd: 175 °C/ Gasherd: Stufe 2) 60–70 Minuten backen, dabei eine mit Wasser gefüllte Tasse in den Ofen stellen.

Zutaten für 24 Scheiben:

500 g Roggenmehl Type 1150

1 Würfel (42 g) Hefe

1/2 TL Zucker

1 EL Salz

250 g kernige Haferflocken (z. B. von Kölln)

500 g getrocknete Datteln

Weizenmehl zum Formen

Vanille-Nusszopf (ohne Abbildung)

Pro Scheibe ca. 240 Kalorien • 1010 Joule • Zubereitungszeit ca. 2 Stunden (ohne Wartezeit)

1. Milch aufkochen. Topf von der Kochplatte ziehen. Puddingpulver einstreuen und ca. 1 Minute kräftig mit der Milch verrühren. Pudding etwas abkühlen lassen, dann ein Ei, Bittermandelaroma, Nüsse und 100 g Mandeln unterrühren.

2. Hefe-Obstkuchen-Mischung mit Sahnequark zu einem glatten Teig verkneten. Teig auf bemehlter Arbeitsfläche zu einem 40 x 40 cm großen Quadrat ausrollen und in drei Streifen schneiden. Zweites Ei trennen. Eigelb mit Milch verrühren. Teigränder mit Eiweiß einstreichen. Nussmasse auf die Mitte der Teigstreifen verteilen und einrollen.

3. Teigstreifen gut bemehlen, zu einem Zopf flechten und auf ein mit Backpapier ausgelegtes Backblech legen. Abgedeckt ca. 10 Minuten gehen lassen.

4. Nusszopf mit Eigelbmilch bestreichen und mit restlichen Mandeln bestreuen, festdrücken. Zopf im vorgeheizten Backofen (E-Herd: 175 °C/Gasherd: Stufe 2) 45–50 Minuten backen, nach 20 Minuten mit Pergamentpapier abdecken.

Zutaten für 20 Scheiben:

300 ml Milch

1 Päckchen Instant Puddingpulver Bourbon-Vanille (z. B. von Mondamin)

2 Eier

1/2 Fläschchen Bittermandelaroma

100 g gemahlene Haselnüsse

150 g gehackte Mandeln

1 Packung Hefe-Obstkuchen-Teig (z. B. von Mondamin)

500 g Sahnequark

Mehl für die Arbeitsfläche

1 TL Milch zum Bestreichen

Fladenbrot mit Oliven

Fladenbrote mit Oliven

Pro Stück ca. 380 Kalorien • 1600 Joule • Zubereitungszeit ca. 2 1/2 Stunden (ohne Wartezeit)

1. Backform in den Backraum einsetzen, Kneter auf die Antriebswellen setzen.

2. Milch in die Backform gießen. Meer- und Kräutersalz einrühren. Mehl und Trockenhefe darüber streuen. Knoblauchzehen schälen und zerdrücken, mit der Hälfte der Rosmarinnadeln in die Backform geben.

3. Mit der Menütaste Programm TEIG BASIS wählen. START/STOPP-Taste drücken. Oliven halbieren, entsteinen und klein schneiden. Oliven in die Backform geben, wenn der Piepton zu hören ist (nach ca. 33 Minuten).

4. Teig aus der Backform nehmen, halbieren, zu zwei Kugeln formen und diese flach ausrollen. Fladen auf ein gefettetes Backblech legen, mit Olivenöl bestreichen und restlichen Rosmarinnadeln bestreuen. Abgedeckt 30 Minuten gehen lassen. Anschließend im vorgeheizten Backofen (E-Herd: 225 °C/Gasherd: Stufe 4) ca. 25 Minuten backen.

Zutaten für 8 Fladen:

350 ml Milch

1 TL Meersalz

1/2 TL Kräutersalz

500 g Weizenvollkornmehl (Reformhaus)

1 Päckchen Trockenhefe

3 Knoblauchzehen

1/2 TL Rosmarinnadeln

250 g schwarze Oliven

5 EL kaltgepresstes Olivenöl (Reformhaus)

Fett fürs Blech

Vollkorntoastbrot mit Leinsamen (ohne Abb.)

Pro Scheibe ca. 170 Kalorien • 710 Joule • Zubereitungszeit ca. 3 1/4 Stunden (ohne Wartezeit)

1. Backform in den Backraum einsetzen, Kneter auf die Antriebswellen setzen.

2. 100 ml Wasser, Sahne, Crème fraîche und Honig in die Backform geben. Hefe hineinbröckeln. Mehl, Leinsamen und Salz darüber schütten.

3. Mit der Menütaste Programm TEIG BASIS wählen. START/STOPP-Taste drücken.

4. Fertigen Teig aus dem Backautomaten nehmen, zu einem ca. 24 cm langen Laib formen und in die gefettete Backform (24 cm Länge) geben, mit Leinsamen bestreuen, festdrücken. Abgedeckt an einem warmen Ort 30 Minuten gehen lassen.

5. Im vorgeheizten Backofen (E-Herd: 175 °C/Gasherd: Stufe 2) ca. 60 Minuten backen.

6. Brot aus der Form lösen, mit kaltem Wasser bestreichen und gut auskühlen lassen. Am besten erst am nächsten Tag anschneiden.

Zutaten für 16 Scheiben:

200 g Schlagsahne

50 g Crème fraîche

1 EL Honig

1 Würfel (42 g) Hefe

250 g Weizenvollkornmehl (z. B. Landkorn von Aurora)

250 g Roggenmehl Type 997 (z. B. Landkorn von Aurora)

50 g Leinsamen

2 TL Salz

10 g Leinsamen zum Bestreuen

Fett für die Form

Weizen-Sonnenblumenkernbrot

Pro Scheibe ca. 140 Kalorien • 670 Joule • Zubereitungszeit ca. 3 1/4 Stunden

1. Backform in den Backraum einsetzen, Kneter auf die Antriebswellen setzen.

2. 300 ml kaltes Wasser, Zucker, Salz, Mehl, Sonnenblumenkerne und Hefe hineingeben.

3. Mit der Menütaste Programm TEIG BASIS wählen. START/STOPP-Taste drücken.

4. Teig aus dem Backautomaten nehmen, zu einem ovalen Laib formen und auf ein mit Backpapier ausgelegtes Backblech legen. Brot mit Milch bestreichen und mit Sonnenblumenkernen bestreuen, festdrücken. 30 Minuten abgedeckt gehen lassen.

5. Im vorgeheizten Backofen (E-Herd: 200 °C/ Gasherd: Stufe 3) ca. 40 Minuten backen.

Zutaten für 16 Scheiben:

1 TL brauner Zucker (Reformhaus)

2 TL Vollmeersalz

500 g Weizenmehl Type 1050

50 g Sonnenblumenkerne (Reformhaus)

1 Päckchen Trockenhefe

Milch zum Bestreichen

25 g Sonnenblumenkerne zum Bestreuen

Roggenbrot mit Ricotta und Speck

Pro Scheibe ca. 190 Kalorien • 800 Joule • Zubereitungszeit ca. 2 1/2 Stunden (ohne Wartezeit)

1. Speck fein würfeln und in einer heißen Pfanne auslassen. Aus der Pfanne nehmen und auf Küchenpapier abkühlen lassen. Rosmarin waschen, trockenschütteln, Nadeln abstreifen und fein hacken. Ricotta in kleine Stückchen teilen.

2. Backform in den Backraum einsetzen, Kneter auf die Antriebswellen setzen. 350 ml kaltes Wasser in die Backform gießen, Speck, Rosmarin und Ricotta einrühren. Roggen- und Weizenmehl, Trockenhefe, Salz, Zucker, gemahlenen und ganzen Kümmel darüber streuen. Sauerteig zum Schluss zufügen.

3. Mit der Menütaste Programm BASIS TEIG wählen. START/STOPP-Taste drücken.

4. Teig aus der Backform nehmen und auf bemehlter Arbeitsfläche zu einem Laib formen. Teig abgedeckt 15 Minuten gehen lassen. Anschließend mit Wasser bestreichen, mit Kümmelsamen bestreuen und im vorgeheizten Backofen (E-Herd: 175 °C/Gasherd: Stufe 2) ca. 60 Minuten backen.

Zutaten für 16 Scheiben:

150 g durchwachsener Speck

1 Zweig Rosmarin

200 g Ricotta

350 g Roggenmehl Type 997 (z. B. Landkorn von Aurora)

150 g Weizenmehl Type 405 (z. B. Sonnenstern von Aurora)

1 Päckchen Trockenhefe

1 TL Salz

1 TL Zucker

1 TL gemahlener Kümmel

1 EL Kümmelsamen

150 g flüssiger Sauerteig

1 TL Kümmelsamen zum Bestreuen

Mehl für die Arbeitsfläche

Roggen-Kürbis-Brot

Pro Scheibe ca. 140 Kalorien • 590 Joule • Zubereitungszeit ca. 3 1/2 Stunden (ohne Wartezeit)

1. Kürbis schälen, entkernen und in kleine Würfel schneiden. Kürbis im Orangensaft bei schwacher Hitze unter häufigem Umrühren ca. 8 Minuten dünsten. Die Flüssigkeit sollte zum Schluss vollständig verkocht sein. Kürbis mit Dill und Zucker würzen.

2. Backform in den Backraum einsetzen, Kneter auf die Antriebswellen setzen.

3. 220 ml kaltes Wasser in die Backform gießen, Kürbismasse einrühren. Roggen- und Weizenmehl, Trockenhefe, Salz, Pinien- und Kürbiskerne darüber streuen. Zum Schluss den Sauerteig zufügen.

4. Mit der Menütaste Programm BASIS TEIG wählen. START/STOPP-Taste drücken.

5. Teig aus der Backform nehmen und zu einem Laib formen, auf ein mit Backpapier ausgelegtes Backblech legen, mit Wasser bestreichen, mit Pinien- und Kürbiskernen bestreuen, festdrücken und nochmals 30 Minuten gehen lassen. Anschließend im vorgeheizten Backofen (E-Herd: 225 °C/ Gasherd: Stufe 4) ca. 10 Minuten vorbacken, dann die Temperatur reduzieren (E-Herd: 175 °C/ Gasherd: Stufe 2) und das Brot ca. 50 Minuten fertig backen.

Zutaten für 16 Scheiben:

500 g Muskatkürbis (ergibt 300 g Fruchtfleisch)

Saft von 1 Orange

1 1/2 TL getrockneter Dill

1 TL Zucker

350 g Roggenmehl Type 997 (z. B. Landkorn von Aurora)

200 g Weizenmehl Type 405 (z. B. Sonnenstern von Aurora)

1 Päckchen Trockenhefe

1 1/2 TL Salz

30 g Pinienkerne

30 g Kürbiskerne

100 g flüssiger Sauerteig

10 g Pinienkerne und 10 g Kürbiskerne zum Bestreuen

Buttermilch-Dinkel-Brot (ohne Abbildung)

Pro Scheibe ca. 110 Kalorien • 460 Joule • Zubereitungszeit ca. 3 1/2 Stunden (ohne Wartezeit)

1. Backform in den Backraum einsetzen, Kneter auf die Antriebswellen setzen.

2. Buttermilch in die Backform geben, Hefe hineinbröckeln. Zucker, Dinkel-, Weizenmehl und Salz darüber streuen.

3. Mit der Menütaste Programm TEIG BASIS wählen. START/STOPP-Taste drücken.

4. Sojakerne in einer trockenen Pfanne rösten. Auf einen Teller schütten und abkühlen lassen. Sojakerne in die Backform geben, wenn der Piepton zu hören ist (nach ca. 38 Minuten).

5. Teig in die gefettete ovale Brotbackform (32 cm, von Kaiser) füllen und weitere 30 Minuten gehen lassen. Brot im vorgeheizten Backofen (E-Herd: 225 °C/Gasherd: Stufe 4) ca. 15 Minuten vorbacken. Brot auf ein Backblech stürzen, Temperatur reduzieren (E-Herd: 200 °C/ Gasherd: Stufe 3) und das Brot ca. 40 Minuten fertig backen.

Zutaten für 20 Scheiben:

380 ml Buttermilch

1 Würfel (42 g) Hefe

1 EL Zucker

200 g Dinkelvollkornmehl

1 EL Salz

100 g Sojakerne (Reformhaus)

300 g Weizenmehl Type 550

Fett für die Form

Roggen-Kürbis-Brot

Zwiebelstangen

Pro Scheibe ca. 110 Kalorien • 460 Joule • Zubereitungszeit ca. 2 1/2 Stunden

1. Zwiebel schälen, in feine Würfel schneiden und in der heißen Margarine goldgelb braten.

2. Backform in den Backraum einsetzen, Kneter auf die Antriebswellen setzen.

3. 300 ml kaltes Wasser in die Backform gießen, Zwiebelwürfel und Honig einrühren. Weizenmehl, Trockenhefe und Salz darüber streuen.

4. Mit der Menütaste Programm BASIS TEIG wählen. START/STOPP-Taste drücken.

5. Teig aus der Backform nehmen und mit bemehlten Händen zu einem Stangenbrot formen, dieses mit verquirltem Eigelb bestreichen und auf ein mit Backpapier ausgelegtes Backblech legen. Im vorgeheizten Backofen (E-Herd: 200 °C/Gasherd: Stufe 3) ca. 45 Minuten backen.

Zutaten für 20 Scheiben:

1 große Zwiebel

50 g ungehärtete Pflanzenmargarine (Reformhaus)

1 EL Honig

500 g Weizenmehl Type 1050 (Reformhaus)

1 Päckchen Trockenhefe

2 TL Meersalz

1 Eigelb zum Bestreichen

Mehl zum Formen

Wellness-Knusperstangen

Pro Scheibe ca. 120 Kalorien • 500 Joule • Zubereitungszeit ca.1 1/2 Stunden (ohne Wartezeit)

1. Backform in den Backraum einsetzen, Kneter auf die Antriebswellen setzen.

2. 270 ml kaltes Wasser in die Backform gießen, Backmischung und Kräuter darüber streuen.

3. Mit der Menütaste Programm TEIG SCHNELL wählen. START/STOPP-Taste drücken. Oliven halbieren, entsteinen und klein schneiden. Oliven in die Backform geben, wenn der Piepton zu hören ist (nach ca. 20 Minuten).

4. Teig aus der Backform nehmen, halbieren, auf bemehlter Arbeitsfläche zu Stangen formen und auf ein mit Backpapier ausgelegtes Backblech legen. Die Stangen mit Pinienkernen bestreuen und festdrücken. Nochmals 30 Minuten gehen lassen. Anschließend im vorgeheizten Backofen (E-Herd: 200 °C/Gasherd: Stufe 2) 30–35 Minuten backen.

Zutaten für 16 Scheiben:

500 g Brotbackmischung für Frühstücksbrot (z. B. von Aurora)

1 TL getrockneter Oregano

1 TL getrockneter Thymian

60 g schwarze Oliven

50 g Pinienkerne zum Bestreuen

Mehl für die Arbeitsfläche

Schwäbischer Walnusszopf

Schwäbischer Walnusszopf

Pro Scheibe ca. 150 Kalorien • 630 Joule • Zubereitungszeit ca. 1 3/4 Stunden (ohne Wartezeit)

1. Backform in den Backraum einsetzen, Kneter auf die Antriebswellen setzen.

2. Milch in die Backform gießen, Ei und Honig einrühren. Weizenmehl, Dinkelschrot, Hefe, Salz und Walnüsse darüber streuen. Zum Schluss Öl darüber gießen.

3. Mit der Menütaste Programm TEIG SCHNELL wählen. START/STOPP-Taste drücken.

4. Teig aus der Backform nehmen, in zwei Portionen teilen und jede zu drei dünnen Rollen formen. Aus den Rollen zwei Zöpfe flechten und auf ein mit Backpapier ausgelegtes Backblech legen. Zopfenden mit verquirltem Eigelb bestreichen und zusammendrücken. Zöpfe abgedeckt ca. 30 Minuten gehen lassen. Zöpfe mit Kondensmilch einstreichen, mit Schrot und Mehl bestreuen und im vorgeheizten Backofen (E-Herd: 200 °C/Gasherd: Stufe 3) ca. 25 Minuten backen.

Tipp:

Servieren Sie zu den Walnusszöpfen einen Birnen-Dip. Hierfür 4 Birnen schälen, entkernen, in Stücke schneiden und in 75 ml Weißwein weich dünsten. Birnen abkühlen lassen, dann pürieren. Birnenpüree mit 200 g Doppelrahmfrischkäse verrühren, mit Salz und Pfeffer abschmecken.

Zutaten für 20 Scheiben:

200 ml Milch

1 Ei

1 TL Honig

400 g Weizenmehl Type 550

100 g Dinkelschrot

1 Päckchen Trockenhefe

1 TL Salz

70 g gehackte Walnüsse

6 EL Walnussöl

1 Eigelb zum Bestreichen

3 EL Kondensmilch zum Bestreichen

1 EL Dinkelschrot zum Bestreuen

1 EL Mehl zum Bestreuen

Sechskornbrot (ohne Abbildung)

Pro Scheibe ca. 110 Kalorien • 460 Joule • Zubereitungszeit ca. 1 1/2 Stunden (ohne Wartezeit)

1. Backform in den Backraum einsetzen, Kneter auf die Antriebswellen setzen.

2. 350 ml kaltes Wasser in die Backform gießen, Hefe hineinbröckeln. Flocken einrühren. Zucker, beide Mehlsorten und Salz darüber streuen. Sauerteig darauf geben.

3. Mit der Menütaste Programm TEIG BASIS wählen. START/STOPP-Taste drücken.

4. Ovale Brotbackform (32 cm, von Kaiser) fetten und mit Körnern ausstreuen, Teig aus dem Backautomaten in die Form füllen und weitere 15 Minuten gehen lassen. Temperatur reduzieren (E-Herd: 200 °C/ Gasherd: Stufe 3) und das Brot in ca. 40 Minuten fertig backen.

Zutaten für 20 Scheiben:

1 Würfel (42 g) Hefe

175 g Sechskornflocken (Reformhaus)

1 TL Zucker

250 g Weizenmehl Type 550

150 g Weizenmehl Type 1050

1 EL Salz

75 g flüssiger Sauerteig

Fett für die Form

1–2 EL gemischte Körner für die Form

Zartes Walnussbrot

Pro Scheibe ca. 200 Kalorien • 840 Joule • Zubereitungszeit ca. 1 1/2 Stunden

1. Backform in den Backraum einsetzen, Kneter auf die Antriebswellen setzen. Walnüsse hacken.

2. 300 ml kaltes Wasser in die Backform gießen, Hefe hinein-bröckeln. Honig einrühren. Mehl, Haferflocken, Walnüsse und Salz darüber streuen.

3. Mit der Menütaste Programm TEIG SCHNELL wählen. START/STOPP-Taste drücken.

4. Teig aus dem Backautomaten nehmen, zu einem runden Laib formen, auf ein gefettetes Backblech legen und 30 Minuten an einem warmen Ort gehen lassen. Anschließend im vorgeheizten Backofen (E-Herd: 200 °C/Gasherd: Stufe 3) 30–35 Minuten backen.

Zutaten für 15 Scheiben:

200 g Walnusskerne

1 Würfel (42 g) Hefe

1 EL Honig

350 g Weizenmehl Type 405

150 g zarte Haferflocken (z. B. von Kölln)

2 TL Salz

Fett fürs Blech

Rustikales Sesambrot

Pro Scheibe ca. 100 Kalorien • 420 Joule • Zubereitungszeit ca. 3 1/4 Stunden (ohne Wartezeit)

1. Backform in den Backraum einsetzen, Kneter auf die Antriebswellen setzen.

2. Buttermilch in die Backform gießen, Zucker und Salz einrühren. Mehl und Sesam darüber streuen. Trockenhefe darauf geben.

3. Mit der Menütaste Programm TEIG BASIS wählen. START/STOPP-Taste drücken.

4. Teig in eine gefettete Kastenform (25 cm lang) geben, mit Milch bestreichen, mit Sesam bestreuen, die Oberfläche einritzen und 30 Minuten gehen lassen.

5. Sesambrot im vorgeheizten Backofen (E-Herd: 200 °C/ Gasherd: Stufe 3) ca. 40 Minuten backen.

Zutaten für 20 Scheiben:

400 ml Buttermilch

1 TL brauner Zucker

2 TL Vollmeersalz

500 g Weizenmehl Type 1050 (Reformhaus)

3 EL Sesam (Reformhaus)

1 Päckchen Trockenhefe

Milch zum Bestreichen

Sesam zum Bestreuen

Fett für die Form

Dinkelbrot mit Apfelwein

Dinkelbrot mit Apfelwein

Pro Scheibe ca. 160 Kalorien • 670 Joule • Zubereitungszeit ca. 3 3/4 Stunden (ohne Wartezeit)

1. Backform in den Backraum einsetzen, Kneter auf die Antriebswellen setzen.

2. Wein in die Backform geben, Hefe hineinbröckeln, Sauerteig einrühren. Beide Mehlsorten und Dinkelflocken darüber streuen. Öl, Salz und Kümmel zum Schluss zufügen.

3. Mit der Menütaste Programm BASIS + VOLLKORN STUFE I wählen. START/STOPP-Taste drücken.

4. Nach Beendigung des Programmablaufs Backform mit Topflappen aus dem Automaten nehmen und 20–30 Minuten ruhen lassen, anschließend das Brot aus der Form stürzen.

Zutaten für 16 Scheiben:

450 ml Apfelwein

1/2 Würfel (21 g) Hefe

50 g flüssiger Sauerteig

150 g Dinkelmehl Type 630 (z. B. Landkorn von Aurora)

300 g Dinkelvollkornmehl (z. B. Landkorn von Aurora)

100 g Dinkelflocken

50 ml Öl

1 TL Salz

1 TL gemahlener Kümmel

Tipp:

Wenn Sie keinen Apfelwein im Regal Ihres Lebensmittelgeschäftes finden, halten Sie nach Cidre Ausschau. Es ist die französische Bezeichnung für das gleiche Getränk.

Weizenvollkornbrot (ohne Abbildung)

Pro Scheibe ca. 150 Kalorien • 630 Joule • Zubereitungszeit ca. 3 3/4 Stunden (ohne Wartezeit)

1. Backform in den Backraum einsetzen, Kneter auf die Antriebswellen setzen.

2. 500 ml kaltes Wasser, Salz, Honig, Mehl und Trockenhefe in die Backform geben.

3. Mit der Menütaste Programm BASIS + VOLLKORN STUFE II wählen. START/STOPP-Taste drücken.

4. Nach Beendigung des Programmablaufs Backform mit Topflappen aus dem Automaten nehmen und 20–30 Minuten ruhen lassen, anschließend das Brot aus der Form stürzen.

Zutaten für 16 Scheiben:

1 1/2 TL Salz

1 EL Honig

760 g Weizenvollkornmehl

1 Päckchen Trockenhefe

Möhren-Nuss-Brot

Pro Scheibe ca. 100 Kalorien • 420 Joule • Zubereitungszeit ca. 2 1/4 Stunden

1. Backform in den Backraum einsetzen, Kneter auf die Antriebswellen setzen.

2. Möhren schälen und raspeln. 300 ml kaltes Wasser, Möhren, Backmischung und Haselnüsse in die Backform geben.

3. Mit der Menütaste Programm SCHNELL wählen. START/STOPP-Taste drücken.

4. Nach Beendigung des Programmablaufs Backform mit Topflappen aus dem Automaten nehmen und 20–30 Minuten ruhen lassen, anschließend das Brot aus der Form stürzen.

Tipp:

Haben Sie Bundmöhren gekauft? Dann entfernen Sie zu Hause das Grün. Es entzieht den Möhren Feuchtigkeit und lässt sie so schneller schlapp werden.

Zutaten für 16 Scheiben:

100 g Möhren

500 g Backmischung für 6-Korn-Brot (z. B. von Aurora)

50 g gemahlene Haselnüsse

Spanisches Olivenbrot (ohne Abbildung)

Pro Scheibe ca. 140 Kalorien • 590 Joule • Zubereitungszeit ca. 3 3/4 Stunden (ohne Wartezeit)

1. Backform in den Backraum einsetzen, Kneter auf die Antriebswellen setzen.

2. 330 ml kaltes Wasser in die Backform geben, Hefe hineinbröckeln, Mehl, Salz, Gewürze und Öl zufügen.

3. Mit der Menütaste Programm BASIS STUFE II wählen. START/STOPP-Taste drücken. Oliven hacken und in die Backform geben, wenn der Piepton zu hören ist (nach ca. 30 Minuten).

4. Nach Beendigung des Programmablaufs Backform mit Topflappen aus dem Automaten nehmen und 20–30 Minuten ruhen lassen, anschließend das Brot aus der Form stürzen.

Zutaten für 16 Scheiben:

1/2 Würfel (21 g) Hefe

550 g Mehl Type 550

2 TL Salz

je 1 Prise gemahlener Koriander, Chili und Muskatnuss

2 EL Olivenöl

90 g Oliven (ohne Stein)

Möhren-Nuss-Brot

Indisches Sesambrot

Pro Scheibe ca. 130 Kalorien • 550 Joule • Zubereitungszeit ca. 3 3/4 Stunden

1. Backform in den Backraum einsetzen, Kneter auf die Antriebswellen setzen.

2. 350 ml kaltes Wasser in die Backform gießen, Hefe hineinbröckeln. Alle Mehlsorten, Salz, Gewürze, Zucker, Sesam und Sesamöl zufügen.

3. Mit der Menütaste Programm BASIS STUFE II wählen. START/STOPP-Taste drücken.

4. Nach Beendigung des Programmablaufs Backform mit Topflappen aus dem Automaten nehmen und 20–30 Minuten ruhen lassen, anschließend das Brot aus der Form stürzen.

Zutaten für 16 Scheiben:

1 Würfel (42 g) Hefe

150 g Weizenmehl Type 1050 (z. B. Korngut von Aurora)

250 g Weizenmehl Type 550 (z. B. Korngut von Aurora)

50 g Maismehl

1 TL Salz

1/2 TL Zimt

1 TL Curry

1 Prise Nelkenpulver

1 TL Zucker

50 g Sesam

2 EL Sesamöl

Haselnuss-Joghurt-Brot

Pro Scheibe ca. 140 Kalorien • 590 Joule • Zubereitungszeit ca. 3 3/4 Stunden (ohne Wartezeit)

1. Backform in den Backraum einsetzen, Kneter auf die Antriebswellen setzen.

2. Joghurt, Milch und Honig in die Backform geben, Hefe hineinbröckeln. Roggen- und Weizenmehl, Haselnüsse, Salz und Kümmel darüber streuen. Öl darüber gießen.

3. Mit der Menütaste Programm BASIS + VOLLKORN STUFE I wählen. START/STOPP-Taste drücken.

4. Nach Beendigung des Programmablaufs Backform mit Topflappen aus dem Automaten nehmen und 20–30 Minuten ruhen lassen, anschließend das Brot aus der Form stürzen.

Zutaten für 16 Scheiben:

300 g Vollmilchjoghurt

100 ml Milch

1 EL Honig

1 Würfel (42 g) Hefe

*300 g Roggenmehl Type 997
(z. B. Landkorn von Aurora)*

*150 g Weizenmehl Type 1050
(z. B. Landkorn von Aurora)*

50 g gehackte Haselnüsse

1 TL Salz

1 TL gemahlener Kümmel

2 EL Nussöl

Kokos-Rum-Brot

Kokos-Rum-Brot

Pro Scheibe ca. 210 Kalorien • 880 Joule • Zubereitungszeit ca. 2 1/4 Stunden

1. Backform in den Backraum einsetzen, Kneter auf die Antriebswellen setzen.

2. Milch und Rum in die Backform geben, Hefe hineinbröckeln. Ei, Quark, Mehl, Kokosflocken, Zucker und Salz zufügen.

3. Mit der Menütaste Programm SCHNELL wählen. START/STOPP-Taste drücken.

4. Nach Beendigung des Programmablaufs Backform mit Topflappen aus dem Automaten nehmen und 20–30 Minuten ruhen lassen, anschließend das Brot aus der Form stürzen.

Zutaten für 16 Scheiben:

50 ml Milch
4 EL Rum
1/2 Würfel (21 g) Hefe
1 Ei
250 g Quark (20 %)
400 g Bio-Weizenmehl Type 550 (z. B. Korngut von Aurora)
150 g Kokosflocken
100 g Zucker
1/2 TL Salz

Tipp:
Kokosflocken schmecken noch intensiver, wenn Sie sie in einer Pfanne ohne Fett goldbraun rösten, bevor sie in den Teig kommen.

Haferflockenbrot (ohne Abbildung)

Pro Scheibe ca. 120 Kalorien • 600 Joule • Zubereitungszeit ca. 3 3/4 Stunden (ohne Wartezeit)

1. Backform in den Backraum einsetzen, Kneter auf die Antriebswellen setzen.

2. 350 ml kaltes Wasser, Butter, Salz, Zucker, Haferflocken, Mehl und Trockenhefe in die Backform geben.

3. Mit der Menütaste Programm BASIS STUFE I wählen. START/STOPP-Taste drücken.

4. Nach Beendigung des Programmablaufs Backform mit Topflappen aus dem Automaten nehmen und 20–30 Minuten ruhen lassen, anschließend das Brot aus der Form stürzen.

Zutaten für 16 Scheiben:

25 g Butter
2 TL Salz
1 1/2 TL brauner Zucker
150 g zarte Haferflocken
375 g Weizenmehl Type 1050
3/4 Päckchen Trockenhefe

Pikantes Mexikobrot

Pro Scheibe ca. 120 Kalorien • 500 Joule • Zubereitungszeit ca. 4 Stunden (ohne Wartezeit)

1. Chilischoten der Länge nach halbieren, entkernen, gründlich waschen und in sehr kleine Stücke schneiden. Minisalami fein würfeln.

2. Backform in den Backraum einsetzen, Kneter auf die Antriebswellen setzen.

3. 300 ml kaltes Wasser, Chili, Salami, Maiskörner, Backmischung und Kümmel in die Backform geben.

4. Mit der Menütaste Programm SCHNELL wählen. START/STOPP-Taste drücken.

5. Nach Beendigung des Programmablaufs Backform mit Topflappen aus dem Automaten nehmen und 20–30 Minuten ruhen lassen, anschließend das Brot aus der Form stürzen.

Zutaten für 16 Scheiben:

2 Chilischoten

50 g Minisalami

50 g Maiskörner (aus der Dose)

500 g Brotbackmischung für Dinkel-Grünkern-Brot (z. B. von Aurora)

1 TL Kreuzkümmel

Vielkornbrot (ohne Abbildung)

Pro Scheibe ca. 180 Kalorien • 760 Joule • Zubereitungszeit ca. 4 Stunden (ohne Wartezeit)

1. Backform in den Backraum einsetzen, Kneter auf die Antriebswellen setzen.

2. 650 ml kaltes Wasser, Weizen- und Roggenmehl, Roggen-, Grünkern- und Buchweizenschrot, Sonnenblumen- und Kürbiskerne, Leinsamen, Sesamsaat, Salz, Honig, Hefe, Trockensauerteig und Trockenhefe in die Backform geben.

3. Mit der Menütaste Programm BASIS + VOLLKORN STUFE II wählen. START/STOPP-Taste drücken.

4. Nach Beendigung des Programmablaufs Backform mit Topflappen aus dem Automaten nehmen und 20–30 Minuten ruhen lassen, anschließend das Brot aus der Form stürzen.

Tipp:

Während der ersten 10 Minuten des Knetens mit einem Teigschaber das Mehl vom Rand des Behälters in die Mitte der Backform geben, damit es gut untergearbeitet wird und das Brot keinen Mehlrand aufweist.

Zutaten für 16 Scheiben:

250 g Weizenvollkornmehl

250 g Roggenvollkornmehl

70 g Roggenschrot

70 g Grünkernschrot

70 g Buchweizenschrot

50 g Sonnenblumenkerne

50 g Kürbiskerne

1 1/2 EL Leinsamen

1 1/2 EL Sesamsaat

1 1/2 TL Salz

1 1/2 TL Honig

3/4 Päckchen (ca. 12 g) Trockensauerteig

1 1/2 Päckchen Trockenhefe

Pikantes Mexikobrot

Andalusisches Safranbrot

Pro Scheibe ca. 130 Kalorien • 550 Joule • Zubereitungszeit ca. 3 3/4 Stunden (ohne Wartezeit)

1. Backform in den Backraum einsetzen, Kneter auf die Antriebswellen setzen.

2. 150 ml kaltes Wasser, Milch, Ei und Zucker in die Backform geben. Hefe hineinbröckeln. Weizenmehl, Safran, Salz und Öl darüber verteilen.

3. Mit der Menütaste Programm BASIS + STUFE II wählen. START/STOPP-Taste drücken.

4. Nach Beendigung des Programmablaufs Backform mit Topflappen aus dem Automaten nehmen und 20–30 Minuten ruhen lassen, anschließend das Brot aus der Form stürzen.

Zutaten für 16 Scheiben:

150 ml Milch

1 Ei

1 TL Zucker

1/2 Würfel (21 g) Hefe

*500 g Weizenmehl Type 550
(z. B. Korngut von Aurora)*

1 Döschen gemahlener Safran

1 TL Salz

1 EL Olivenöl

Provenzalisches Zucchinibrot

Pro Scheibe ca. 150 Kalorien • 630 Joule • Zubereitungszeit ca. 4 Stunden (ohne Wartezeit)

1. Backform in den Backraum einsetzen, Kneter auf die Antriebswellen setzen.

2. Zucchini putzen und raspeln, Knoblauch schälen und zerdrücken. Beides in 2 Esslöffeln Öl andünsten, mit Salz und Pfeffer würzen.

3. Restliches Öl und Eier in die Backform geben. Mehl darüber schütten, Hefe darüber bröckeln. Kräuter waschen, trockenschütteln, hacken und mit dem Zucker über die Hefe streuen.

4. Mit der Menütaste Programm BASIS + STUFE II wählen. START/STOPP-Taste drücken.

5. Nach Beendigung des Programmablaufs Backform mit Topflappen aus dem Automaten nehmen und 20–30 Minuten ruhen lassen, anschließend das Brot aus der Form stürzen.

Zutaten für 16 Scheiben:

250 g Zucchini

1 Knoblauchzehe

110 ml Olivenöl

1 TL Salz

1/2 TL Pfeffer

3 Eier

300 g Weizenmehl Type 1050 (z. B. Landkorn von Aurora)

1 Würfel (42 g) Hefe

1/2 Bund gemischte Kräuter

1 TL Zucker

Aromatisches Ingwerbrot

Früchte-Mix-Brot

Aprikosen-Nuss-Brot

Aromatisches Ingwerbrot

Pro Scheibe ca. 140 Kalorien • 590 Joule • Zubereitungszeit ca. 2 1/2 Stunden

1. Backform in den Backraum einsetzen, Kneter auf die Antriebswellen setzen.

2. Ingwer in kleine Würfel schneiden. 480 ml kaltes Wasser, Backmischung, Ingwer, Brotgewürz, Trockenhefe, Nüsse und Mandeln in die Backform geben.

3. Mit der Menütaste Programm SCHNELL wählen. START/STOPP-Taste drücken.

4. Nach Beendigung des Programmablaufs Backform mit Topflappen aus dem Automaten nehmen und 20–30 Minuten ruhen lassen, anschließend das Brot aus der Form stürzen.

Zutaten für 16 Scheiben:

30 g kandierter Ingwer

750 g Ciabatta-Backmischung (z. B. von Diamant)

2 Msp. Brotgewürz

1 1/2 Päckchen Trockenhefe

100 g gemischte Nüsse und Mandeln

Früchte-Mix-Brot

Pro Scheibe ca. 240 Kalorien • 1000 Joule • Zubereitungszeit ca. 2 1/4 Stunden (ohne Wartezeit)

1. Backform in den Backraum einsetzen, Kneter auf die Antriebswellen setzen.

2. Milch, Backmischung, kandierte Früchte, Mandelblättchen und Trockenhefe in die Backform geben.

3. Mit der Menütaste Programm SCHNELL wählen. START/STOPP-Taste drücken.

4. Nach Beendigung des Programmablaufs Backform mit Topflappen aus dem Automaten nehmen und 20–30 Minuten ruhen lassen, anschließend das Brot aus der Form stürzen.

Zutaten für 16 Scheiben:

475 ml Milch

750 g Ciabatta-Backmischung (z. B. von Diamant)

190 g gemischte kandierte Früchte

75 g Mandelblättchen

1 1/2 Päckchen Trockenhefe

Aprikosen-Nuss-Brot

Pro Scheibe ca. 180 Kalorien • 760 Joule • Zubereitungszeit ca. 2 1/4 Stunden (ohne Wartezeit)

1. Backform in den Backraum einsetzen, Kneter auf die Antriebswellen setzen.

2. Aprikosen vierteln. 475 ml kaltes Wasser, Backmischungen, Brotgewürz, Aprikosen, Nüsse und Trockenhefe in die Backform geben.

3. Mit der Menütaste Programm SCHNELL wählen. START/STOPP-Taste drücken.

4. Nach Beendigung des Programmablaufs Backform mit Topflappen aus dem Automaten nehmen und 20–30 Minuten ruhen lassen, anschließend das Brot aus der Form stürzen.

Zutaten für 16 Scheiben:

250 g getrocknete Aprikosen

310 g Weißbrot-Backmischung (z. B. von Diamant)

440 g Backmischung Bauernbrot (z. B. von Diamant)

2 Msp. Brotgewürz

75 g Haselnüsse

1 1/2 Päckchen Trockenhefe

Schoko-Mandel-Brot

Pro Scheibe ca. 230 Kalorien • 970 Joule • Zubereitungszeit ca. 2 1/4 Stunden (ohne Wartezeit)

1. Backform in den Backraum einsetzen, Kneter auf die Antriebswellen setzen.
2. Milch, Backmischung, Kakao, Bittermandelaroma, Mandeln und Trockenhefe in die Backform geben.
3. Mit der Menütaste Programm SCHNELL wählen. START/STOPP-Taste drücken.
4. Nach Beendigung des Programmablaufs Backform mit Topflappen aus dem Automaten nehmen und 20–30 Minuten ruhen lassen, anschließend das Brot aus der Form stürzen.

Zutaten für 16 Scheiben:

475 ml Milch

750 g Weißbrot-Backmischung (z. B. von Diamant)

2 EL Kakaopulver

1 Fläschchen Bittermandelaroma

125 g Mandeln

1 1/2 Päckchen Trockenhefe

Mohn-Früchte-Brot

Pro Scheibe ca. 240 Kalorien • 1010 Joule • Zubereitungszeit ca. 2 1/4 Stunden (ohne Wartezeit)

1. Backform in den Backraum einsetzen, Kneter auf die Antriebswellen setzen.
2. Ananas und Nüsse grob hacken. Milch, Backmischung, Rosinen, Ananas, Nüsse, Mohn, Zimt und Trockenhefe in die Backform geben.
3. Mit der Menütaste Programm SCHNELL wählen. START/STOPP-Taste drücken.
4. Nach Beendigung des Programmablaufs Backform mit Topflappen aus dem Automaten nehmen und 20–30 Minuten ruhen lassen, anschließend das Brot aus der Form stürzen.

Zutaten für 16 Scheiben:

45 g kandierte Ananas

45 g Wal- oder Haselnüsse

475 ml Milch

750 g Weißbrot-Backmischung (z. B. von Diamant)

90 g Rosinen

65 g frisch gequetschter Mohn

1 TL Zimt

1 1/2 Päckchen Trockenhefe

Tipp: Mohneinkauf und -lagerung

Kaufen Sie Ihren Mohn am besten in einem Reformhaus oder in einem Bioladen. Die meisten besitzen eine spezielle Mohnmühle. Bei zerquetschtem Mohn ist aber Eile geboten, denn er wird schnell ranzig und schmeckt dann bitter. Daher sollten Sie ihn am Einkaufstag verbacken. Oder Sie packen ihn fest verschlossen in die Tiefkühltruhe. Dort können Sie ihn gut einige Wochen aufbewahren.

Schoko-Mandel-Brot

Mohn-Früchte-Brot

Nutellabrot für Groß und Klein

Pro Scheibe ca. 90 Kalorien • 380 Joule • Zubereitungszeit ca. 3 3/4 Stunden (ohne Wartezeit)

1. Backform in den Backraum einsetzen, Kneter auf die Antriebswellen setzen.

2. Milch und Quark in die Backform geben. Mehl darüber schütten, Hefe darüber bröckeln, dann Zucker, Nougatcreme, Kakaopulver, Nüsse und Salz in die Backform geben.

3. Mit der Menütaste Programm BASIS + STUFE II wählen. START/STOPP-Taste drücken.

4. Nach Beendigung des Programmablaufs Backform mit Topflappen aus dem Automaten nehmen und 20–30 Minuten ruhen lassen, anschließend das Brot aus der Form stürzen.

Zutaten für 16 Scheiben:

250 ml Milch

250 g Magerquark

400 g Weizenmehl Type 550 (z. B. Korngut von Aurora)

1 Würfel (42 g) Hefe

1 TL Zucker

50 g Nussnougatcreme (z. B. Nutella)

1 EL Kakaopulver

50 g gemahlene Haselnüsse

1 Prise Salz

Italienischer Panettone

Pro Scheibe ca. 180 Kalorien • 760 Joule • Zubereitungszeit ca. 3 3/4 Stunden (ohne Wartezeit)

1. Backform in den Backraum einsetzen, Kneter auf die Antriebswellen setzen.

2. Milch, Eier und Zucker in die Backform geben. Hefe hinein- bröckeln. Weizenmehl, Mandeln, Salz, Butter und Rosinen zufügen.

3. Mit der Menütaste Programm BASIS + STUFE II wählen. START/STOPP-Taste drücken.

4. Nach Beendigung des Programmablaufs Backform mit Topflappen aus dem Automaten nehmen und 20–30 Mi- nuten ruhen lassen, anschließend das Brot aus der Form stürzen.

Zutaten für 16 Scheiben:

250 ml Milch

2 Eier

50 g Zucker

1 Würfel (42 g) Hefe

400 g Weizenmehl Type 550 (z. B. Korngut von Aurora)

50 g gehackte Mandeln

1/2 TL Salz

1 EL weiche Butter

200 g Rosinen

Brötchenvielfalt
wie vom Bäcker

Schnittlauchbrötchen

Schnittlauchbrötchen

Pro Stück ca. 130 Kalorien • 550 Joule • Zubereitungszeit ca. 1 1/4 Stunden (ohne Wartezeit)

1. Beide Mehlsorten in einer Schüssel mischen, in die Mitte eine Mulde drücken. Hefe hineinbröckeln, Zucker darüber streuen. Milch lauwarm erhitzen. 150 ml Milch zur Hefe gießen, alles mit etwas Mehl vom Rand verrühren. Vorteig an einem warmen Ort abgedeckt ca. 15 Minuten gehen lassen.

2. Schnittlauch waschen, trockenschütteln und in feine Röllchen schneiden. Mit restlicher Milch, Öl und Salz in die Schüssel geben. Alles zu einem geschmeidigen Teig verkneten. Abgedeckt ca. 30 Minuten gehen lassen.

3. Teig auf bemehlter Arbeitsfläche noch einmal durchkneten, dann in 16 Portionen teilen, diese zu Brötchen formen, zweimal einschneiden, in Sesam drücken und auf ein mit Backpapier ausgelegtes Backblech legen. Weitere 30 Minuten gehen lassen.

4. Brötchen im vorgeheizten Backofen (E-Herd: 225 °C/ Gasherd: Stufe 4) ca. 10 Minuten vorbacken. Anschließend die Temperatur reduzieren (E-Herd: 200 °C/Gasherd: Stufe 3) und die Brötchen 25–30 Minuten fertig backen.

Zutaten für 16 Stück:

250 g Weizenmehl Type 1050 (z. B. Landkorn von Aurora)

250 g Weizenmehl Type 550 (z. B. das Backstarke von Aurora)

1 Würfel (42 g) Hefe

1 TL Zucker

330 ml Milch

2 Bund Schnittlauch

3 EL Öl

1 TL Salz

Sesam zum Verzieren

Mehl für die Arbeitsfläche

Weizen-Sesam-Brötchen (ohne Abbildung)

Pro Stück ca. 200 Kalorien • 840 Joule • Zubereitungszeit ca. 1 Stunde (ohne Wartezeit)

1. Weizenschrot in eine Schüssel schütten, in die Mitte eine Mulde drücken, Hefe hineinbröckeln. Milch lauwarm erhitzen, 150 ml über die Hefe gießen, Ahornsirup zufügen, alles mit etwas Schrot vom Rand verrühren. Vorteig an einem warmen Ort abgedeckt ca. 15 Minuten gehen lassen.

2. Koriander zerstoßen. Restliche Milch, Sanoghurt, Koriander, Salz und Margarine in die Schüssel geben. Danach alles zu einem geschmeidigen Teig verkneten. Abgedeckt ca. 30 Minuten gehen lassen.

3. Teig zu 12 Brötchen formen, in Sesam drücken und auf ein gefettetes Backblech setzen. Weitere 15 Minuten gehen lassen.

4. Sesambrötchen im vorgeheizten Backofen (E-Herd: 200 °C/ Gasherd: Stufe 3) ca. 20 Minuten backen.

Zutaten für 12 Stück:

500 g Weizenvollkornschrot (Reformhaus)

1 Würfel (42 g) Hefe

250–300 ml Milch

1 TL Ahornsirup

3 Korianderkörner

1 Becher (150 g) Sanoghurt (Reformhaus)

1–2 TL Meersalz

50 g ungehärtete Pflanzenmargarine (Reformhaus)

Sesam zum Verzieren (Reformhaus)

Fett fürs Blech

Rosmarin-Vollkornfladen

Pro Stück ca. 320 Kalorien • 1340 Joule • Zubereitungszeit ca. 1 1/2 Stunden (ohne Wartezeit)

1. Weizenvollkornmehl in eine Schüssel schütten, Hefe darüber bröckeln, Zucker, Salz, Cremefine und 200 ml lauwarmes Wasser zufügen. Alles zu einem geschmeidigen Teig verkneten. Teig an einem warmen Ort abgedeckt ca. 45 Minuten gehen lassen.

2. Inzwischen Rosmarin waschen, trockenschütteln, Nadeln abzupfen und fein hacken. Rosmarin unter den Teig kneten. Teig mit bemehlten Händen zu acht Fladen formen, auf zwei mit Backpapier ausgelegte Backbleche legen und mit grobem Salz bestreuen. Ca. 10 Minuten gehen lassen.

3. Fladen nacheinander im vorgeheizten Backofen (E-Herd: 200 °C/Gasherd: Stufe 3) ca. 30 Minuten backen.

Tipp:
Sollten Sie kein Weizenschrot bekommen, können Sie auch grobes Vollkornmehl aus dem Reformhaus verwenden.

Zutaten für 8 Stück:

600 g Weizenvollkornmehl
1 Würfel (42 g) Hefe
1 Prise Zucker
1 TL Salz
250 ml Cremefine (z. B. von Rama)
2 Zweige Rosmarin
grobes Salz zum Bestreuen
Mehl zum Formen

Kräftige Sauerteigbrötchen (ohne Abbildung)

Pro Stück ca. 140 Kalorien • 590 Joule • Zubereitungszeit ca. 1 Stunde (ohne Wartezeit)

1. Weizen- und Roggenschrot mit Trockenhefe mischen. Sauerteig, Honig, Salz und 200 ml lauwarmes Wasser zufügen. Alles zu einem geschmeidigen Teig verkneten. Teig an einem warmen Ort abgedeckt ca. 60 Minuten gehen lassen.

2. Teig erneut durchkneten, auf bemehlter Arbeitsfläche 1 1/2 cm dick ausrollen und in Quadrate schneiden, mit Wasser einstreichen, mit Schrot bestreuen und festdrücken. Brötchen auf ein mit Backpapier ausgelegtes Backblech legen und ca. 15 Minuten abgedeckt gehen lassen. Im vorgeheizten Backofen (E-Herd: 200 °C/Gasherd: Stufe 3) ca. 20 Minuten backen.

Zutaten für 12 Stück:

250 g Weizenschrot (Reformhaus)
250 g Roggenschrot (Reformhaus)
1/2 Päckchen Trockenhefe
150 g flüssiger Sauerteig
1 TL Honig
1 TL Vollmeersalz
Schrot zum Bestreuen
Mehl für die Arbeitsfläche

Rosmarin-Vollkornfladen

Grieß-Krustis

Pro Stück ca. 430 Kalorien • 1810 Joule • Zubereitungszeit ca. 1 Stunde (ohne Wartezeit)

1. Mehl und Grieß in einer Schüssel mischen, in die Mitte eine Mulde drücken. Hefe hineinbröckeln, Zucker darüber streuen und 150 ml lauwarmes Wasser darüber gießen. Alles mit etwas Mehlmischung vom Rand verrühren. Vorteig an einem warmen Ort abgedeckt ca. 15 Minuten gehen lassen.

2. Öl, Salz und je 2 Esslöffel Kürbis-, Pinien- und Sonnenblumen-kerne in die Schüssel geben. Alles zu einem geschmeidi-gen Teig verkneten und abgedeckt ca. 60 Minuten gehen lassen.

3. Teig mit etwas Mehl verkneten und in vier Portionen teilen. Portionen zu Kugeln formen und auf ein mit Back-papier ausgelegtes Backblech legen, flach drücken und über Kreuz einschneiden. Weitere 15 Minuten abgedeckt gehen lassen.

4. Krustis mit Käse und restlichen Kernen bestreuen, festdrücken. Anschließend im vorgeheizten Backofen (E-Herd: 200°C/Gasherd: Stufe 3) ca. 20 Minuten backen.

Zutaten für 4 Stück:

150 g Weizenvollkornmehl (z. B. Landkorn von Aurora)

100 g Hartweizengrieß (z. B. Sonnenstern von Aurora)

1/2 Würfel (21 g) Hefe

1 TL brauner Zucker

1 EL Olivenöl

1 TL Salz

4 EL Kürbiskerne

4 EL Pinienkerne

4 EL Sonnenblumenkerne

Mehl zum Kneten

4 EL geriebener mittelalter Gouda

Feinschmeckerhappen

Pro Stück ca. 170 Kalorien • 710 Joule • Zubereitungszeit ca. 1 1/4 Stunden (ohne Wartezeit)

Zutaten für 12 Stück:

250 g Weizenmehl Type 405
1/2 Würfel (21 g) Hefe
125 g Milch
1 Prise Zucker
50 g Butter
1 Eigelb
1/2 TL Salz
2 EL Tomatenmark
1 Msp. abgeriebene Muskatnuss
150 g Bergader Edelpilzkäse (50 %)

1. Mehl in eine Schüssel schütten. In die Mitte eine Mulde drücken, Hefe hineinbröckeln. Milch lauwarm erhitzen, über die Hefe gießen, Zucker darüber streuen und alles mit etwas Mehl vom Rand verrühren. Vorteig an einem warmen Ort abgedeckt ca. 10 Minuten gehen lassen.

2. 25 g Butter, Eigelb und Salz unterkneten. Teig abgedeckt ca. 30 Minuten gehen lassen.

3. Tomatenmark und Muskatnuss zum Teig geben und unterarbeiten. Teig zu zwölf Brötchen formen und auf ein mit Backpapier ausgelegtes Backblech legen, ca. 10 Minuten abgedeckt gehen lassen. Dann die Oberseite jedes Brötchens 3–4-mal einschneiden. Käse in Streifen schneiden und diese in die Einkerbungen drücken. Feinschmeckerhappen im vorgeheizten Backofen (E-Herd: 200 °C/ Gasherd: Stufe 3) ca. 20 Minuten backen.

4. Restliche Butter zerlassen und die noch warmen Brötchen damit einstreichen.

Wildkräuterbrötchen

Wildkräuterbrötchen

Pro Stück ca. 130 Kalorien • 550 Joule • Zubereitungszeit ca. 1 1/4 Stunden (ohne Wartezeit)

1. Weizenmehl mit Trockenhefe mischen. Salz und 350 ml lauwarmes Wasser zufügen und alles zu einem geschmeidigen Teig verkneten. Teig an einem warmen Ort abgedeckt ca. 30 Minuten gehen lassen.

2. Butter schmelzen, Kräuter waschen, trockenschütteln und hacken. Kräuter und Butter unter den Teig kneten. Teig erneut ca. 30 Minuten gehen lassen.

3. Teig zu 15 Brötchen formen, auf ein mit Backpapier ausgelegtes Backblech legen, der Länge nach einritzen und ca. 20 Minuten gehen lassen. Anschließend mit Milch bestreichen und im vorgeheizten Backofen (E-Herd: 225 °C/Gasherd: Stufe 4) ca. 10 Minuten vorbacken, dann die Temperatur reduzieren (E-Herd: 200 °C/Gasherd: Stufe 3) und die Brötchen ca. 15 Minuten fertig backen.

Zutaten für 15 Stück:

500 g Weizenvollkornmehl (Reformhaus)

1 Päckchen Trockenhefe

1–2 TL Meersalz

50 g Butter

1 Bund gemischte Wildkräuter (z. B. Brennessel, Sauerampfer, kleine Löwenzahnblätter und Schafgarbe)

Milch zum Bestreichen

Schrotbrötchen (ohne Abbildung)

Pro Stück ca. 190 Kalorien • 800 Joule • Zubereitungszeit ca. 1 Stunde (ohne Wartezeit)

1. Weizenschrot in eine Schüssel schütten, in die Mitte eine Mulde drücken, Hefe hineinbröckeln. Milch lauwarm erhitzen, 150 ml über die Hefe gießen, Honig zufügen, alles mit etwas Schrot vom Rand verrühren. Vorteig an einem warmen Ort abgedeckt ca. 15 Minuten gehen lassen.

2. Koriander zerstoßen. Restliche Milch, Sanoghurt, Salz, Koriander und Margarine in die Schüssel geben und alles zu einem geschmeidigen Teig verkneten. Abgedeckt ca. 30 Minuten gehen lassen.

3. Teig ca. 1 1/2 cm dick ausrollen, mit Milch einstreichen und mit Weizenschrot bestreuen. Teig in 12 Quadrate schneiden und auf ein gefettetes Backblech setzen. Weitere 15 Minuten gehen lassen.

4. Schrotbrötchen im vorgeheizten Backofen (E-Herd: 200 °C/Gasherd: Stufe 3) ca. 20 Minuten backen.

Zutaten für 12 Stück:

500 g Weizenvollkornschrot (Reformhaus)

1 Würfel (42 g) Hefe

250–300 ml Milch

1 TL Honig

3 Korianderkörner

1 Becher (150 g) Sanoghurt (Reformhaus)

1–2 TL Meersalz

50 g ungehärtete Pflanzenmargarine (Reformhaus)

Milch zum Bestreichen

2–3 EL Weizenschrot zum Bestreuen

Fett fürs Blech

Kernige Party-Brötchen

Pro Stück ca. 140 Kalorien • 590 Joule • Zubereitungszeit ca. 1 Stunde (ohne Wartezeit)

1. Hefe zerbröckeln und in 300 ml lauwarmem Wasser auflösen. Beide Mehlsorten und Schrot mit Salz und Zucker mischen. Hefewasser und Margarine zufügen und alles zu einem geschmeidigen Teig verkneten. Teig an einem warmen Ort abgedeckt ca. 30 Minuten gehen lassen.

2. Sonnenblumenkerne unter den Teig kneten und dann den Teig in 16 Portionen teilen. Jede Portion zu einem Brötchen formen und diese wahlweise in Kümmel, Sesam oder Mohn drücken. Brötchen auf ein mit Backpapier ausgelegtes Backblech setzen und noch ca. 30 Minuten gehen lassen.

3. Brötchen im vorgeheizten Backofen (E-Herd: 225 °C/ Gasherd: Stufe 4) ca. 25 Minuten backen.

Zutaten für 16 Stück:

1 Würfel (42 g) Hefe
250 g Roggenmehl Type 1150
100 g Weizenmehl Type 1050
150 g Weizenschrot
1 TL Salz
1 TL Zucker
30 g Margarine (z. B. Sanella)
50 g Sonnenblumenkerne
2 EL Kümmel zum Verzieren
2 EL Sesam zum Verzieren
2 EL Mohn zum Verzieren

Tipp:
Sesamkörner können Sie auch auf Vorrat kaufen. Gut verschlossen und trocken gelagert hält Sesam sich mindestens ein Jahr.

Fitness-Brötchen (ohne Abbildung)

Pro Stück ca. 220 Kalorien • 920 Joule • Zubereitungszeit ca. 1 Stunde (ohne Wartezeit)

1. Backmischung, Frischkäse, 250 ml lauwarmes Wasser und Kräuter zu einem geschmeidigen Teig verkneten. Teig an einem warmen Ort abgedeckt ca. 30 Minuten gehen lassen.

2. Teig auf bemehlter Arbeitsfläche zu 10 Brötchen formen und auf ein mit Backpapier ausgelegtes Backblech legen. Über Kreuz einschneiden und abgedeckt ca. 40 Minuten gehen lassen.

3. Brötchen im vorgeheizten Backofen (E-Herd: 200 °C/ Gasherd: Stufe 3) 25–30 Minuten backen.

Zutaten für 10 Stück:

500 g Backmischung Frisches Frühstücksbrot (z. B. von Aurora)
125 g Doppelrahmfrischkäse
1 Päckchen TK-gemischte-Kräuter
Mehl für die Arbeitsfläche

Weizenschrotbrötchen

Pro Stück ca. 150 Kalorien • 630 Joule • Zubereitungszeit ca. 1 Stunde (ohne Wartezeit)

1. Feinen und sehr feinen Schrot in einer Schüssel mischen, in die Mitte eine Mulde drücken, Hefe hineinbröckeln. Honig zufügen. Milch lauwarm erhitzen. 150 ml Milch über die Hefe gießen, mit Honig und etwas Mehl vom Rand verrühren. Vorteig an einem warmen Ort abgedeckt ca. 15 Minuten gehen lassen.

2. Restliche Milch, Salz und Margarine in die Schüssel geben. Alles zu einem geschmeidigen Teig verkneten. Teig zu 15 Brötchen formen und auf ein mit Backpapier ausgelegtes Backblech legen. 20–30 Minuten abgedeckt gehen lassen.

3. Brötchen einritzen, mit Milch bestreichen, mit Schrot bestreuen, festdrücken. Im vorgeheizten Backofen (E-Herd: 200 °C/Gasherd: Stufe 3) ca. 30 Minuten backen.

Zutaten für 15 Stück:

150 g feiner Weizenschrot (Reformhaus)

350 g sehr feiner Weizenschrot (Reformhaus)

1 Würfel (42 g) Hefe

1 TL Honig

300 ml Milch

1–2 TL Salz

50 g ungehärtete Pflanzenmargarine (Reformhaus)

Milch zum Bestreichen

Weizenschrot zum Verzieren

Kräuterbrötchen

Pro Stück ca. 170 Kalorien • 710 Joule • Zubereitungszeit ca. 1 1/4 Stunden (ohne Wartezeit)

1. Weizenmehl und -schrot in einer Schüssel mischen, in die Mitte eine Mulde drücken. Hefe hineinbröckeln, Zucker darüber streuen. Milch lauwarm erhitzen, über die Hefe gießen und mit Zucker und etwas Mehl vom Rand verrühren. Vorteig an einem warmen Ort abgedeckt ca. 20 Minuten gehen lassen.

2. Kräuter waschen, trockenschütteln und hacken. Butter schmelzen, mit Kräutern, Ei, Salz und Pfeffer in die Schüssel geben. Alles zu einem geschmeidigen Teig verkneten, abgedeckt ca. 30 Minuten gehen lassen.

3. Teig erneut durchkneten, zu 15 Brötchen formen, auf ein gefettetes Backblech legen, kreuzweise einschneiden, mit verquirltem Eigelb bestreichen und erneut ca. 15 Minuten gehen lassen.

4. Brötchen im vorgeheizten Backofen (E-Herd: 200 °C/ Gasherd: Stufe 3) 20–30 Minuten backen.

Zutaten für 15 Stück:

350 g Weizenmehl Type 1050 (Reformhaus)

150 g Weizenschrot (Reformhaus)

1 Würfel (42 g) Hefe

1 TL Zucker

150–200 ml Milch (1,5 %)

100 g gemischte Kräuter (z. B. Dill, Petersilie und Liebstöckel)

80 g Butter

1 Ei

2 TL Vollmeersalz

2 Prisen Pfeffer

Fett fürs Blech

1 Eigelb zum Bestreichen

Gemischter Brötchenkranz

Gemischter Brötchenkranz

Pro Stück ca. 140 Kalorien • 590 Joule • Zubereitungszeit ca. 1 Stunde (ohne Wartezeit)

1. Milch lauwarm erhitzen. Mehl, Hefe und Zucker vermischen, Milch unterrühren. Teig an einem warmen Ort ca. 30 Minuten abgedeckt gehen lassen. Haferflocken und Salz unterkneten. Teig an einem warmen Ort 20–30 Minuten abgedeckt gehen lassen.

2. Aus dem Teig kleine Kugeln formen, Kümmel, Mohn, Sesam und Haferflocken in je ein kleines Schälchen schütten, Teigkugeln hineindrücken und umgekehrt auf einem gefetteten Backblech zu einem Kranz zusammensetzen, dabei etwas Platz zwischen den Teigkugeln lassen. Erneut 20–30 Minuten gehen lassen. Brötchenkranz im vorgeheizten Backofen (E-Herd: 200 °C/Gasherd: Stufe 3) 25–30 Minuten backen.

Zutaten für 34 Stück:

850 ml Milch

700 g Weizenmehl Type 550

3 Päckchen Trockenhefe

1 TL Zucker

500 g zarte Haferflocken (z. B. von Kölln)

1 TL Salz

Kümmel, Mohn, Sesam und kernige Haferflocken zum Verzieren

Fett fürs Blech

Röggelchen (ohne Abbildung)

Pro Stück ca. 120 Kalorien • 470 Joule • Zubereitungszeit ca. 1 1/4 Stunden (ohne Wartezeit)

Der Schrot muss schon am Vorabend eingeweicht werden!

1. Roggenschrot mit 125 ml Wasser verrühren und über Nacht einweichen.

2. Roggen- und Weizenmehl in eine Schüssel schütten. In die Mitte eine Mulde drücken, Hefe hineinbröckeln, 100 ml lauwarmes Wasser darüber gießen. Hefe, Wasser und etwas Mehl vom Rand verrühren. Vorteig an einem warmen Ort abgedeckt ca. 15 Minuten gehen lassen.

3. Salz, 300 ml lauwarmes Wasser, Sauerteig, Brotgewürz und eingeweichten Schrot zum Vorteig geben. Alles zu einem geschmeidigen Teig verkneten. Abgedeckt 3–4 Stunden gehen lassen.

4. Teig auf bemehlter Arbeitsfläche erneut durchkneten, zu 16 Brötchen formen und auf ein mit Backpapier ausgelegtes Backblech legen. Brötchen über Kreuz einschneiden und weitere 30 Minuten gehen lassen.

5. Brötchen im vorgeheizten Backofen (E-Herd: 200 °C/Gasherd: Stufe 3) 20–25 Minuten backen.

Zutaten für 16 Stück:

75 g Roggenschrot

375 g Roggenmehl Type 1150

125 g Weizenvollkornmehl

1 Würfel (42 g) Hefe

1 TL Salz

150 g flüssiger Sauerteig

1 EL Brotgewürz

Mehl für die Arbeitsfläche

Würzige Hafer-Partybrötchen

Pro Stück ca. 110 Kalorien • 460 Joule • Zubereitungszeit ca. 1 1/2 Stunden (ohne Wartezeit)

1. Speck würfeln, Zwiebel schälen und fein hacken. Speck in einer Pfanne auslassen, Butter und Zwiebel zufügen und die Zwiebel glasig dünsten. Alles abkühlen lassen. Hefe in 50 ml lauwarmem Wasser auflösen. Zucker und 1 Esslöffel Mehl einrühren. Vorteig an einem warmen Ort ca. 10 Minuten abgedeckt gehen lassen.

2. Kräuter waschen, trockenschütteln und in Röllchen schneiden bzw. hacken. Mit Haferflocken, restlichem Mehl und Salz mischen. Käse reiben.

3. Haferflocken-Mehl-Mischung, Öl, Vorteig und 200 ml lauwarmes Wasser zu einem geschmeidigen Teig verkneten. Speckmischung und Käse unterarbeiten. Teig ca. 30 Minuten gehen lassen. Teig in 25 Portionen teilen, diese zu Brötchen formen und auf ein mit Backpapier ausgelegtes Backblech setzen. Abgedeckt weitere 10 Minuten gehen lassen. Anschließend im vorgeheizten Backofen (E-Herd: 225 °C/Gasherd: Stufe 4) 35–40 Minuten backen, dabei eine mit Wasser gefüllte Tasse in den Ofen stellen.

Zutaten für 25 Stück:

100 g durchwachsener Speck

1 Zwiebel

1 TL Butter

1/2 Würfel (21 g) Hefe

1 TL Zucker

150 g Weizenvollkornmehl

1/2 Bund Schnittlauch

4 Stiele Oregano

150 g kernige Haferflocken (z. B. von Kölln)

150 g zarte Haferflocken (z. B. von Kölln)

1 TL Kräutersalz

150 g Leerdamer Käse

1 EL Öl

Niedersächsische Quarkbrötchen (ohne Abb.)

Pro Stück ca. 250 Kalorien • 1050 Joule • Zubereitungszeit ca. 45 Minuten

1. Quark abtropfen lassen. Butter schmelzen, mit Quark und Eigelb verrühren. Mehl, Backpulver, Salz und Kümmel mischen und nach und nach unter die Quarkmasse kneten.

2. Teig zu 12 länglichen Brötchen formen, auf ein mit Backpapier ausgelegtes Backblech legen und die Oberflächen einritzen. Im vorgeheizten Backofen (E-Herd: 200 °C/Gasherd: Stufe 3) ca. 25 Minuten backen.

Tipp:
Die Brötchen gehen besonders schön auf, wenn Sie vor dem Einschieben des Bleches eine Tasse heißes Wasser auf den Backofenboden gießen.

Zutaten für 12 Stück:

250 g Magerquark

100 g Butter

5 Eigelb

500 g Weizenmehl Type 405 (z. B. Sonnenstern von Aurora)

1/2 Päckchen Backpulver

1 TL Salz

1 TL Kümmel

Würzige Hafer-Partybrötchen

Möhren-Porree-Brötchen

Pro Stück ca. 130 Kalorien • 550 Joule • Zubereitungszeit ca. 1 Stunde (ohne Wartezeit)

1. Möhren schälen und fein raspeln. Lauch putzen, der Länge nach vierteln und in feine Streifen schneiden.

2. Milch lauwarm erhitzen, Hefe darin auflösen. Öl, beide Mehlsorten, Kräuterlinge, 1 Esslöffel Sonnenblumenkerne und Gemüse zufügen. Alles zu einem geschmeidigen Teig verkneten.

3. Teig in acht Portionen teilen, zu Brötchen formen, auf ein mit Backpapier ausgelegtes Backblech legen und an einem warmen Ort ca. 20 Minuten gehen lassen.

4. Brötchen mit Kondensmilch bestreichen und restlichen Sonnenblumenkernen bestreuen. Im vorgeheizten Backofen (E-Herd: 175 °C/Gasherd: Stufe 2) 25–30 Minuten backen.

Zutaten für 8 Stück:

100 g Möhren

100 g Porree (Lauch)

100 ml Milch

1/2 Würfel (21 g) Hefe

3 EL Keimöl (z. B. Mazola)

150 g Weizenmehl Type 405

150 g Weizenvollkornmehl

*1 EL Kräuterlinge
(z. B. Frühlingskräuter von Knorr)*

2 EL Sonnenblumenkerne

Kondensmilch zum Bestreichen

Paprikahappen

Pro Stück ca. 110 Kalorien • 460 Joule • Zubereitungszeit ca. 45 Minuten

1. Paprikaschote putzen und in kleine Würfel schneiden. Beide Mehlsorten und Backpulver mischen. Salz, Butter in Flöckchen, Ei, Buttermilch und scharfes Paprikapulver zufügen, alles zu einem geschmeidigen Teig verkneten. Paprikawürfel unterarbeiten.

2. Teig auf bemehlter Fläche ca. 2 1/2 cm dick ausrollen. 6 cm große Kreise ausstechen und auf ein gefettetes, bemehltes Backblech legen. Teilchen mit Eigelb bestreichen und im vorgeheizten Backofen (E-Herd: 225 °C/Gasherd: Stufe 4) 10–12 Minuten backen. Happen noch heiß mit Paprikapulver bestäuben und abkühlen lassen.

Tipp:
Füllen Sie die Brötchen mit einem Käsesalat: Dafür 100 g Räucherkäse mit Schinken in Streifen schneiden und mit 5 Esslöffeln Joghurt-Salatcreme vermischen. Abgekühlte Happen halbieren, Unterhälften mit Basilikumblättern und Salat belegen, mit den Oberhälften abdecken.

Zutaten für 12 Stück:

1/2 rote Paprikaschote
180 g Weizenmehl Type 550
50 g Weizenmehl Type 1050
2 TL Backpulver
1/2 TL Salz
50 g Butter
1 Ei
75 ml Buttermilch
1/4 TL Paprikapulver rosenscharf
Mehl für die Arbeitsfläche
1 Eigelb zum Bestreichen
Paprikapulver edelsüß zum Bestäuben
Fett und Mehl fürs Backblech

Quark-Nuss-Brötchen

Quark-Nuss-Brötchen

Pro Stück ca. 170 Kalorien • 710 Joule • Zubereitungszeit ca. 1 Stunde

1. Koriander zerstoßen. Quark, Eier, Öl, Zucker, Salz und Koriander verrühren. Mehl und Backpulver mischen und nach und nach unter die Quarkmasse kneten. Nüsse hacken. 150 g unter den Teig arbeiten.

2. Aus dem Teig 20 Brötchen formen und auf zwei mit Backpapier ausgelegte Backbleche legen. Brötchen mit verquirltem Eigelb bestreichen, mit restlichen Nüssen bestreuen und im vorgeheizten Backofen (E-Herd: 225 °C/Gasherd: Stufe 4) ca. 20 Minuten backen.

Tipp:

Wenn Sie keinen Mörser besitzen, um den Koriander zu zerstoßen, geben Sie die Körner einfach in einen Gefrierbeutel. Dann mit einem Nudelholz oder einer Flasche so lange über den geschlossenen Beutel rollen, bis die Körner genügend zerkleinert sind.

Zutaten für 20 Stück:

5 Korianderkörner

350 g Quark (10 % Fett)

2 Eier

5 EL kaltgepresstes Sonnenblumenöl (Reformhaus)

1 TL Zucker

1 TL Meersalz

400 g Weizenvollkornmehl

1 Päckchen Weinsteinbackpulver

200 g gemischte Nüsse (Reformhaus)

1 Eigelb zum Bestreichen

Walnussbrötchen (ohne Abbildung)

Pro Stück ca. 260 Kalorien • 1090 Joule • Zubereitungszeit ca. 1 Stunde (ohne Wartezeit)

1. Weizenschrot in eine Schüssel schütten, in die Mitte eine Mulde drücken, Hefe hineinbröckeln. Milch lauwarm erhitzen, 150 ml über die Hefe gießen, Honig zufügen, alles mit etwas Schrot vom Rand verrühren. Vorteig an einem warmen Ort abgedeckt ca. 15 Minuten gehen lassen.

2. Restliche Milch, Sanoghurt, Salz und Margarine in die Schüssel geben und alles zu einem geschmeidigen Teig verkneten. Walnüsse unterarbeiten. Abgedeckt ca. 30 Minuten gehen lassen.

3. Teig zu 12 Brötchen formen und auf ein gefettetes Backblech setzen. Weitere 15 Minuten gehen lassen.

4. Walnussbrötchen mit Milch bestreichen und im vorgeheizten Backofen (E-Herd: 200 °C/Gasherd: Stufe 3) ca. 20 Minuten backen.

Zutaten für 12 Stück:

500 g Weizenvollkornschrot (Reformhaus)

1 Würfel (42 g) Hefe

250–300 ml Milch

1 TL Honig

1 Becher (150 g) Sanoghurt (Reformhaus)

1–2 TL Meersalz

50 g ungehärtete Pflanzenmargarine (Reformhaus)

125 g Walnusskernbruch (Reformhaus)

Milch zum Bestreichen

Fett fürs Blech

Sechskornrad

Pro Stück ca. 120 Kalorien • 500 Joule • Zubereitungszeit ca. 1 Stunde (ohne Wartezeit)

1. Backmischung mit 320 ml lauwarmem Wasser zu einem geschmeidigen Teig verkneten. Teig an einem warmen Ort abgedeckt ca. 30 Minuten gehen lassen.

2. Teig erneut durchkneten, dann mit bemehlten Händen zu 16 Brötchen formen. Brötchen mit Eigelb bestreichen und mit der bestrichenen Seite in die Sonnen- bzw. Kürbiskerne drücken, anschließend auf einem mit Backpapier ausgelegten Backblech zu einem Rad zusammensetzen, dabei etwas Abstand zwischen den Brötchen lassen. Abgedeckt erneut ca. 30 Minuten gehen lassen.

3. Sechskornrad im vorgeheizten Backofen (E-Herd: 200 °C/ Gasherd: Stufe 3) ca. 25 Minuten backen.

Zutaten für 16 Stück:

500 g Brotbackmischung für Sechskornbrot (z. B. von Aurora)

1 Eigelb

20 g Sonnenblumenkerne zum Verzieren

20 g Kürbiskerne zum Verzieren

Käsebrötchen aus der Schweiz (ohne Abbildung)

Pro Stück ca. 160 Kalorien • 670 Joule • Zubereitungszeit ca. 1 Stunde (ohne Wartezeit)

1. Hefe in 350 ml lauwarmem Wasser auflösen. Mehl, Gewürze, Salz und Käse zufügen und alles zu einem geschmeidigen Teig verkneten. Teig an einem warmen Ort abgedeckt ca. 30 Minuten gehen lassen.

2. Teig erneut durchkneten, auf bemehlter Arbeitsfläche zu 16 Brötchen formen, in Kümmel drücken und auf ein mit Backpapier ausgelegtes Backblech legen. Weitere 10 Minuten gehen lassen.

3. Brötchen mit verquirltem Eigelb bestreichen und im vorgeheizten Backofen (E-Herd: 250 °C/Gasherd: Stufe 5) 20–25 Minuten backen.

Zutaten für 16 Stück:

1 Würfel (42 g) frische Hefe

520 g Weizenvollkornmehl

je 1 Msp. gemahlener Kümmel und Koriander

1 TL Salz

200 g geriebener Emmentaler

2 Eigelb zum Bestreichen

1 TL Kümmel zum Verzieren

Mehl für die Arbeitsfläche

Tipp:

Wollen Sie den Käse frisch vom Stück reiben? Dann legen Sie ihn vorher kurz ins Gefriergerät. Die Reibe verklebt dann nicht so schnell und Sie können den Käse ohne Rest verbrauchen.

Sechskornrad

Antipasti-Brötchen

Pro Stück ca. 130 Kalorien • 550 Joule • Zubereitungszeit ca. 1 1/2 Stunden (ohne Wartezeit)

1. Beide Mehlsorten mit der Trockenhefe mischen. Milch lauwarm erhitzen, Butter darin schmelzen. Beides mit 1 Teelöffel Salz und Ei zur Mehlmischung geben und alles zu einem geschmeidigen Teig verkneten. Teig an einem warmen Ort abgedeckt ca. 30 Minuten gehen lassen.

2. Für die Füllungen Oliven entsteinen. Oliven, Mozzarella, Tomaten, Schinken und Pecorino getrennt klein schneiden. Kräuter waschen, trockenschütteln und getrennt hacken. Für die verschiedenen Füllungen die Hälfte der Tomatenstückchen mit Mozzarella, Basilikum, Salz und Pfeffer, restliche Tomaten mit Oliven, Rosmarin, Salz und Pfeffer; Schinken mit Pecorino, Thymian, Salz und Pfeffer verrühren.

3. Hefeteig erneut durchkneten, in 24 Portionen teilen, jede zu einer Kugel formen und diese flach drücken. Auf je 8 Stück die drei Füllungen verteilen. Teiglinge zu Brötchen formen, auf ein mit Backpapier ausgelegtes Backblech setzen und abgedeckt ca. 15 Minuten gehen lassen.

4. Brötchen über Kreuz einschneiden und im Backofen (E-Herd: 175 °C/Gasherd: Stufe 2) ca. 30 Minuten backen.

Zutaten für 24 Stück:

400 g Weizenvollkornmehl (z. B. Landkorn von Aurora)

100 g Weizenmehl Type 405 (z. B. Sonnenstern von Aurora)

1 Päckchen Trockenhefe

200 ml Milch, 80 g Butter

Salz, 1 Ei

40 g schwarze Oliven

75 g Mozzarella

50 g eingelegte getrocknete Tomaten

50 g gekochter Schinken

50 g Pecorino

je 1/2 Bund Basilikum und Thymian

1 Zweig Rosmarin

Pfeffer

Mehl für die Arbeitsfläche

Kräuter-Frischkäse-Körbchen

Pro Stück ca. 150 Kalorien • 630 Joule • Zubereitungszeit ca. 1 Stunde

1. Paprika putzen, Paprika und Schinken fein würfeln und mit Frischkäse verrühren.

2. Pizzateig mit 250 ml lauwarmem Wasser und Öl zu einem geschmeidigen Teig verkneten. Teig auf bemehlter Fläche 1/2 cm dick ausrollen und 10 cm große Kreise ausstechen.

3. In die Mitte jedes Teigkreises 1 Teelöffel Frischkäsemischung geben. Eigelb verquirlen und die Teigränder damit bestreichen. Bei jedem Teigstück den Teigrand an vier Stellen nach oben biegen und in der Mitte leicht zusammendrücken. Frischkäse-Körbchen mit restlichem Eigelb einstreichen, anschließend im vorgeheizten Backofen (E-Herd: 200 °C/ Gasherd: Stufe 3) ca. 20 Minuten backen.

Zutaten für 20 Stück:

1/2 rote Paprikaschote

150 g gekochter Schinken

200 g Frischkäse mit Kräutern (z. B. Brunch)

1 Packung (2 Beutel) Pizzateig (z. B. von Mondamin)

2 EL Olivenöl

1 Eigelb

Mehl zum Ausrollen

Goldene Rosinenbrötchen

Goldene Rosinenbrötchen

Pro Stück ca. 160 Kalorien • 670 Joule • Zubereitungszeit ca. 1 Stunde (ohne Wartezeit)

1. Mehl in eine Schüssel schütten, in die Mitte eine Mulde drücken. Hefe hineinbröckeln, Zucker darüber streuen. Milch lauwarm erhitzen und über die Hefe gießen. Alles mit etwas Mehl vom Rand verrühren. Vorteig an einem warmen Ort abgedeckt ca. 15 Minuten gehen lassen.

2. Salz, Butter, Ei und Rosinen in die Schüssel geben und alles zu einem geschmeidigen Teig verkneten, abgedeckt ca. 30 Minuten gehen lassen.

3. Teig in 16 Portionen teilen, diese zu Kugeln formen, auf ein mit Backpapier ausgelegtes Backblech setzen und abgedeckt noch ca. 15 Minuten gehen lassen.

4. Brötchen mit verquirltem Eigelb bestreichen und im vorgeheizten Backofen (E-Herd: 200 °C/Gasherd: Stufe 3) ca. 20 Minuten backen.

Zutaten für 16 Stück:

500 g Weizenmehl Type 550 (z. B. Korngut von Aurora)

1 Würfel (42 g) Hefe

1–2 TL Zucker

125 ml Milch

1/2 TL Salz

50 g Butter

1 Ei

100 g Rosinen

1 Eigelb zum Bestreichen

Tipp:

Haben Sie nach dem Brötchenbacken noch Rosinen übrig? Füllen Sie sie in ein Schraubdeckelglas und bedecken sie mit Rum. So haben Sie jederzeit einen Vorrat an Rumrosinen zur Hand.

Knusprige Mandelbrötchen (ohne Abbildung)

Pro Stück ca. 240 Kalorien • 1010 Joule • Zubereitungszeit ca. 1 1/4 Stunden (ohne Wartezeit)

1. Milch lauwarm erhitzen, Hefe hineinbröckeln, 1 Esslöffel Zucker einrühren und alles an einem warmen Ort abgedeckt ca. 15 Minuten gehen lassen.

2. Mehl, restlichen Zucker, Butter, Salz, gemahlene Mandeln und Zitronenschale mischen, Hefemilch zugießen und alles zu einem geschmeidigen Teig verkneten. Abgedeckt ca. 30 Minuten gehen lassen.

3. Teig erneut durchkneten, auf bemehlter Arbeitsfläche zu 16 Brötchen formen, in die gehackten Mandeln drücken und auf ein mit Backpapier ausgelegtes Backblech legen. Erneut ca. 30 Minuten gehen lassen.

4. Brötchen im vorgeheizten Backofen (E-Herd: 200 °C/ Gasherd: Stufe 3) ca. 30 Minuten backen.

Zutaten für 16 Stück:

200 ml Milch

1 Würfel (42 g) Hefe

100 g Zucker

500 g Weizenmehl Type 405

100 g weiche Butter

1 Prise Salz

100 g gemahlene Mandeln

abgeriebene Schale von 1/2 unbehandelten Zitrone

3 EL gehackte Mandeln zum Verzieren

Mehl für die Arbeitsfläche

Mini-Orangen-Panettone

Pro Stück ca. 240 Kalorien • 1010 Joule • Zubereitungszeit ca. 1 1/2 Stunden (ohne Wartezeit)

1. Mehl in eine Schüssel schütten. In die Mitte eine Mulde drücken und die Hefe hineinbröckeln, 1 Prise Zucker darüber streuen. Milch lauwarm erhitzen, 100 ml über die Hefe gießen, mit Hefe, Zucker und etwas Mehl vom Rand verrühren. Vorteig an einem warmen Ort abgedeckt ca. 20 Minuten gehen lassen.

2. Orangeat und Rosinen fein hacken und mit Orangensaft mischen. Brotaufstrich schmelzen, mit eingeweichten Früchten, restlicher Milch und übrigem Zucker zum Vorteig geben. Alles zu einem geschmeidigen Teig verkneten. Abgedeckt ca. 20 Minuten gehen lassen.

3. Teig erneut durchkneten, dann in die gefetteten Mulden eines Muffinblechs füllen. Backform in den kalten Backofen stellen, Temperatur auf 175 °C (Gasherd: Stufe 2) stellen und die Panettone 40–45 Minuten backen. Abgekühlte Panettone mit Puderzucker bestäubt servieren.

Zutaten für 12 Stück:

300 g Weizenmehl Type 405

1/2 Würfel (21 g) Hefe

80 g Zucker

250 ml Milch

50 g Orangeat

50 g Rosinen

2 EL Orangensaft

60 g Brotaufstrich (z. B. von Bertolli) oder Margarine

50 ml Olivenöl (z. B. Robusto von Bertolli)

3 Eigelb

Salz

abgeriebene Schale von 1 unbehandelten Orange

Puderzucker zum Bestäuben

Fett für das Muffinblech

Aprikosen-Mandel-Pinzen (ohne Abbildung)

Pro Stück ca. 260 Kalorien • 1090 Joule • Zubereitungszeit ca. 1 1/4 Stunden (ohne Wartezeit)

1. Aprikosen in Streifen schneiden und im Aprikosenlikör einweichen. 475 g Weizenmehl in eine Schüssel schütten, in die Mitte eine Mulde drücken. Hefe hineinbröckeln, 1 Esslöffel Zucker darüber streuen. Milch lauwarm erhitzen, über die Hefe gießen, mit Zucker und etwas Mehl vom Rand verrühren. Vorteig an einem warmen Ort abgedeckt ca. 15 Minuten gehen lassen.

2. Butter schmelzen lassen, mit restlichem Zucker, Salz, Eiern und Gewürzen in die Schüssel geben. Alles zu einem geschmeidigen Teig verkneten. Zum Schluss Mandelstifte und Aprikosenstreifen mit dem restlichen Mehl mischen und unter den Teig kneten. Teig ca. 20 Minuten gehen lassen.

3. Teig in 16 Portionen teilen, zu Brötchen formen und auf ein mit Backpapier ausgelegtes Backblech setzen, ca. 10 Minuten gehen lassen.

4. Brötchen mit einer Schere dreimal einschneiden, mit verquirltem Eigelb bestreichen und mit Hagelzucker bestreuen. Im vorgeheizten Backofen (E-Herd: 175 °C/ Gasherd: Stufe 2) ca. 30 Minuten backen.

Zutaten für 16 Stück:

200 g getrocknete Aprikosen

4 EL Aprikosenlikör

500 g Weizenmehl Type 405 (z. B. Sonnenstern von Aurora)

1 Würfel (42 g) Hefe

75 g Zucker

125 ml Milch

100 g Butter

1 Prise Salz

2 Eier

1 Msp. Ingwerpulver

1 Msp. abgeriebene Zitronenschale

1/2 TL gemahlener Anis

100 g Mandelstifte

1 Eigelb zum Bestreichen

2 EL Hagelzucker zum Bestreuen

Buttermilch-Brioches

Pro Stück ca. 280 Kalorien • 1180 Joule • Zubereitungszeit ca. 1 Stunde (ohne Wartezeit)

1. 325 g Mehl in eine Schüssel schütten, in die Mitte eine Mulde drücken. Hefe hineinbröckeln, 1 Esslöffel Zucker darüber streuen. Buttermilch lauwarm erhitzen, über die Hefe gießen, mit Zucker und etwas Mehl vom Rand verrühren. Teig an einem warmen Ort abgedeckt ca. 15 Minuten gehen lassen. Rum erhitzen, über die Rosinen gießen, abgedeckt beiseite stellen.

2. Butter schmelzen, mit restlichem Zucker, Salz und Eiern in die Schüssel geben. Alles zu einem geschmeidigen Teig verkneten und abgedeckt ca. 30 Minuten gehen lassen.

3. Rosinen abgießen, mit restlichem Mehl mischen und anschließend unter den Teig kneten. Abgedeckt weitere 60 Minuten gehen lassen.

4. Teig erneut durchkneten und in 10 Portionen teilen. Von jeder Portion ein Viertel abnehmen und jeweils eine kleine und eine große Kugel formen. Zuerst die großen Kugeln in gefettete Briochesförmchen geben, dann die kleinen Kugeln darauf setzen. Teig in den Förmchen noch ca. 15 Minuten gehen lassen.

5. Brioches mit verquirltem Eigelb bestreichen und im vorgeheizten Backofen (E-Herd: 175 °C/Gasherd: Stufe 2) 15–20 Minuten backen.

Zutaten für 10 Stück:

350 g Weizenmehl Type 405 (z. B. Sonnenstern von Aurora)

1/2 Würfel (21 g) Hefe

80 g Zucker

100 ml Buttermilch

2 EL Rum

50 g Rosinen

100 g Butter

2 Prisen Salz

2 Eier

Fett für die Förmchen

1 Eigelb zum Bestreichen

Honig-Mandel-Wecken

Pro Stück ca. 280 Kalorien • 1180 Joule • Zubereitungszeit ca. 1 1/4 Stunden (ohne Wartezeit)

1. Weizenschrot in eine Schüssel schütten, in die Mitte eine Mulde drücken, Hefe hineinbröckeln. Zucker darüber streuen. Milch lauwarm erhitzen, 150 ml über die Hefe gießen, mit Zucker und etwas Schrot vom Rand verrühren. Vorteig an einem warmen Ort abgedeckt gehen lassen, bis sich das Volumen etwa verdoppelt hat.

2. Restliche Milch, Ei, Honig, Vanillezucker, Kardamom, Mandeln, Sukkade und Zitronenschale zugeben. Alles zu einem geschmeidigen Teig verkneten. Teig abgedeckt 30–40 Minuten gehen lassen.

3. Teig erneut durchkneten, zu 16 Brötchen formen und auf ein mit Backpapier ausgelegtes Backblech legen. Im vorgeheizten Backofen (E-Herd: 225 °C/Gasherd: Stufe 4) 30–40 Minuten backen.

Zutaten für 16 Stück:

750 g feiner Weizenschrot (Reformhaus)

1 1/2 Würfel (63 g) Hefe

1 TL Zucker

350 ml Milch

1 Ei

100 g Honig (Reformhaus)

1 Päckchen Natur-Vanillezucker (Reformhaus)

1/2 TL gemahlener Kardamom

150 g gehackte Mandeln

150 g Sukkade

abgeriebene Schale von 1/2 unbehandelten Zitrone

2 Eigelb zum Bestreichen

Zarte Haferwecken

Pro Stück ca. 210 Kalorien • 880 Joule • Zubereitungszeit ca. 1 Stunde (ohne Wartezeit)

1. Buttermilch lauwarm erhitzen, mit 100 ml lauwarmem Wasser mischen, Hefe und 30 g Zucker darin auflösen. Abgedeckt an einem warmen Ort ca. 10 Minuten gehen lassen.

2. Haferflocken, Mehl, 75 g Butter, Salz, restliche Buttermilch und übrigen Zucker zur Buttermilch-Hefe-Mischung geben. Alles zu einem geschmeidigen Teig verkneten und an einem warmen Ort ca. 1 Stunde abgedeckt gehen lassen.

3. Teig erneut durchkneten, dabei Korinthen und Zimt unterarbeiten. Teig in zwölf Portionen teilen und zu Wecken formen. Auf ein gefettetes Backblech setzen. Ei und Milch verquirlen und damit die Wecken einstreichen. Im vorgeheizten Backofen (E-Herd: 200 °C/Gasherd: Stufe 3) ca. 20 Minuten backen.

4. Restliche Butter erhitzen und die noch warmen Wecken damit bestreichen.

Zutaten für 12 Stück:

200 ml Buttermilch

1 Würfel (42 g) Hefe

60 g Rohrzucker

150 g zarte Haferflocken (z. B. von Kölln)

225 g Weizenvollkornmehl

100 g weiche Butter

1 Prise Salz

50 g Korinthen

2 TL Zimt

1 Ei (Gew.-Kl. M)

4 EL Milch

Fett fürs Blech

Frische Quarktüten

Pro Stück ca. 250 Kalorien • 1050 Joule • Zubereitungszeit ca. 1 Stunde

1. Quark, Eigelb, Zucker, Speisestärke und Zimt verrühren.

2. Milch lauwarm erhitzen, mit Backmischung und Öl verkneten. Teig auf bemehlter Arbeitsfläche zu einem 40 x 20 cm großen Rechteck ausrollen. Dieses in 10 x 10 cm große Quadrate ausradeln. Quarkmischung diagonal in die Mitte der Quadrate streichen. Teigstücke zu Tüten zusammenschlagen, andrücken und auf ein mit Backpapier ausgelegtes Backblech legen.

3. Eigelb mit etwas Wasser verquirlen und die Quarktüten damit einstreichen. Anschließend im vorgeheizten Backofen (E-Herd: 200 °C/Gasherd: Stufe 3) ca. 20 Minuten backen. Mit Pistazien bestreut servieren.

Zutaten für 8 Stück:

250 g Quark (20 % Fett)

1 Eigelb

40 g Zucker

2 EL Speisestärke (z. B. Mondamin)

1 Prise Zimt

125 ml Milch

1/2 Packung (1 Beutel) Hefe-Obstkuchen-Teig (z. B. von Mondamin)

2 EL Keimöl (z. B. Mazola)

1 Eigelb zum Bestreichen

1 EL gemahlene Pistazien

Mehl für die Arbeitsfläche

Zucchini-Stockbrote

Zucchini-Stockbrote

Pro Stück ca. 150 Kalorien • 630 Joule • Zubereitungszeit ca. 45 Minuten

1. Zucchini putzen und grob raspeln. Backmischung mit 100 ml lauwarmem Wasser, Öl und etwas Pfeffer verkneten. Zucchini unterkneten.

2. Teig in acht Portionen teilen, jede zu einer langen Rolle formen und um die Spitze eines Stocks wickeln. Brote 10–20 Minuten über offenem Feuer backen.

Tipp:

Öle sollten immer kühl und dunkel gelagert werden. Olivenöl aber möglichst nicht im Kühlschrank, denn dort wird es trübe und flockt aus. Das bedeutet zwar keinen Qualitätsverlust, sieht aber nicht so schön aus.

Zutaten für 8 Stück:

100 g Zucchini

1/2 Packung (1 Beutel) Pizzateig (z. B. von Mondamin)

2 EL Olivenöl extra vergine (z. B. von Mazola)

Pfeffer

Bauerncroissants mit Hack (ohne Abbildung)

Pro Stück ca. 200 Kalorien • 840 Joule • Zubereitungszeit ca. 1 1/2 Stunden (ohne Wartezeit)

1. Backmischung mit 340 ml lauwarmem Wasser zu einem geschmeidigen Teig verkneten. Teig an einem warmen Ort abgedeckt 30 Minuten gehen lassen. Teig erneut durchkneten und wieder abgedeckt ca. 30 Minuten gehen lassen.

2. Zwiebel schälen und fein hacken, zusammen mit dem Hackfleisch im Öl anbraten. Mit Tomaten ablöschen und dicklich einkochen lassen. Schnittlauch waschen, trocken- schütteln und in feine Röllchen schneiden. Hackfleisch mit Gewürzen und Kräutern abschmecken. Käse in feine Würfel schneiden und unter die Hackmasse mischen.

3. Teig ausrollen und in 16 Dreiecke schneiden, mit Hackmasse bestreichen und von der breiten Seite her aufrollen. Teig- stücke zu Hörnchen biegen und auf ein mit Backpapier ausgelegtes Backblech legen. Abgedeckt noch ca. 20 Minu- ten gehen lassen.

4. Croissants im vorgeheizten Backofen (E-Herd: 175 °C/ Gasherd: Stufe 2) ca. 20 Minuten backen.

Zutaten für 16 Stück:

500 g Backmischung für Bauernkruste (z. B. von Aurora)

1 kleine Zwiebel

400 g gemischtes Hackfleisch

2 EL Öl

250 g gestückelte Pizzatomaten (aus der Dose)

1 Bund Schnittlauch

Salz

Pfeffer

Paprikapulver edelsüß

1 Prise getrockneter Oregano

100 g mittelalter Gouda

Hafer-Stockbrote

Pro Stück ca. 110 Kalorien • 460 Joule • Zubereitungszeit ca. 1 1/4 Stunden (ohne Wartezeit)

1. Mehl, Haferflocken, Salz und Trockenhefe mischen. 170 ml lauwarmes Wasser dazugießen und alles zu einem geschmeidigen Teig verkneten. Teig an einem warmen Ort ca. 45 Minuten abgedeckt gehen lassen.

2. Teig in 10 Portionen teilen, jede zu einer langen Rolle formen und um die Spitze eines Stocks wickeln. Brote 10–20 Minuten über offenem Feuer backen.

Zutaten für 10 Stück:

180 g Weizenmehl Type 405

120 g kernige Haferflocken (z. B. von Kölln)

1 TL Salz

1 Päckchen Trockenhefe

Tipp:

Servieren Sie zu den Stockbroten einen leckeren Apfel-Radieschen-Aufstrich:

Hierfür 1 großen Apfel und 1 Bund Radieschen raspeln, mit 1 1/2 TL Zitronensaft, 120 g fettarmem Frischkäse, 120 g Magerquark, 60 g Instant Flocken (z. B. von Kölln) und 1 EL Mayonnaise verrühren. Mit Salz, Zucker und Pfeffer abschmecken.

Kümmel- und Salzspiralen

Pro Stück ca. 70 Kalorien • 290 Joule • Zubereitungszeit ca. 45 Minuten (ohne Wartezeit)

1. Mehl, Instantflocken, Butter, Eigelb, Salz , Paprika und Schmelzkäse zu einem Mürbeteig verkneten. Teig zu einer Kugel formen und abgedeckt ca. 30 Minuten im Kühlschrank ruhen lassen.

2. Teig zwischen zwei aufgeschnittenen Gefrierbeuteln ca. 1/2 cm dick ausrollen, ca. 10 cm lange Streifen ausradeln, zu Spiralen drehen und auf ein gefettetes Backblech legen. Eigelb mit etwas Wasser verquirlen und die Spiralen damit einstreichen, anschließend mit Kümmel oder Salz bestreuen. Im vorgeheizten Backofen (E-Herd: 200 °C/ Gasherd: Stufe 3) ca. 15 Minuten backen.

Zutaten für 25 Stück:

125 g Weizenmehl Type 405

75 g Instantflocken (z. B. von Kölln)

100 g Butter

1 Eigelb

je 1 Prise Salz und Paprikapulver edelsüß

1 Ecke (62,5 g) Sahneschmelzkäse

1 Eigelb zum Bestreichen

Kümmel und grobes Salz zum Bestreuen

Fett fürs Blech

Minzhupferl aus dem Blumentopf

Pro Stück ca. 100 Kalorien • 420 Joule • Zubereitungszeit ca. 1 1/4 Stunden (ohne Wartezeit)

1. Mehl, Trockenhefe, Koriander und Orangenschale mischen. Orangensaft, Milch, Frischkäse, Salz und Zucker zufügen. Alles zu einem geschmeidigen Teig verkneten. Minze waschen, trockenschütteln, hacken und unter den Teig kneten. Teig an einem warmen Ort abgedeckt gehen lassen, bis sich das Volumen etwa verdoppelt hat.

2. Teig erneut durchkneten, in zehn Portionen teilen und diese in 10 gefettete, mit Paniermehl ausgestreute Blumentöpfe (6 cm Ø) füllen. Abgedeckt ca. 20 Minuten gehen lassen.

3. Minzhupferl mit Kondensmilch einstreichen und Panier-mehl bestreuen. Im vorgeheizten Backofen (E-Herd: 200 °C/ Gasherd: Stufe 3) ca. 20 Minuten backen.

Tipp:
Servieren Sie die Minzhupferl zusammen mit einem Minz-Frischkäse. Hierfür 1/2 Bund Minze waschen, trockenschütteln, hacken und mit 250 g Doppelrahm-frischkäse sowie 2 EL Vollmilchjoghurt verrühren.

Zutaten für 10 Stück:

250 g Weizenmehl Type 550

1/2 Päckchen Trockenhefe

1 EL gemahlener Koriander

abgeriebene Schale von

1/2 unbehandelten Orange

75 ml frisch gepresster Orangensaft

50 ml Milch

50 g Doppelrahmfrischkäse

1/2 TL Salz

1 Prise Zucker

1/2 Bund Minze

4 EL Kondensmilch zum Bestreichen

1–2 EL Paniermehl zum Bestreuen

Fett und Paniermehl für die Blumentöpfe

Kräuter-Rosette (ohne Abbildung)

Pro Stück ca. 200 Kalorien • 840 Joule • Zubereitungszeit ca. 1 1/4 Stunden (ohne Wartezeit)

1. Quark, saure Sahne, Ei, Öl, Salz und Pfeffer verrühren. Mehl und Backpulver mischen, nach und nach unterkneten. Teig abgedeckt in den Kühlschrank stellen.

2. Für die Füllung Kräuter waschen, trockenschütteln und hacken bzw. in feine Röllchen schneiden. Frischkäse und saure Sahne verrühren, mit Pfeffer würzen.

3. Teig auf bemehlter Arbeitsfläche zu einem 40 x 45 cm großem Rechteck ausrollen. Frischkäse darauf verstreichen, Kräuter darüber streuen. Teig von der langen Seite her auf-rollen und in 16 Scheiben schneiden. Teigschnecken dicht an dicht als Rosette auf ein mit Backpapier ausgelegtes Backblech legen. Oberfläche mit Kaffeesahne bestreichen und mit Sesam bestreuen. Rosette auf der untersten Schiene im vorgeheizten Backofen (E-Herd: 175 °C/ Gasherd: Stufe 2) 35–40 Minuten backen.

Zutaten für 16 Stück:

FÜR DEN TEIG:

200 g Magerquark

50 g saure Sahne

1 Ei, 125 ml Öl

1/2 TL Salz, 1 Msp. Pfeffer

375 g Weizenmehl Type 405 (z. B. Sonnenstern von Aurora)

1 Päckchen Backpulver

Mehl für die Arbeitsfläche

1 EL Kaffeesahne zum Bestreichen

1-2 EL Sesam zum Bestreuen

FÜR DIE FÜLLUNG:

Je 1 Bund Petersilie und Schnitttlauch

200 g Kräuterfrischkäse

3 EL saure Sahne

Pfeffer

Minzhupferl aus dem Blumentopf

Käse-Schinken-Spiralen

Pro Stück ca. 170 Kalorien • 710 Joule • Zubereitungszeit ca. 1 1/4 Stunden

1. Den Inhalt der beiden Beutel Pizzateig mit 250 ml lauwarmem Wasser, Olivenöl und 200 g Käse zu einem geschmeidigen Teig verkneten. Teig in 24 Portionen teilen und diese zu ca. 25 cm langen Rollen formen.

2. Schinken der Länge nach halbieren, je einen Schinken-streifen auf eine Teigrolle legen und beide zusammen spiralförmig umeinander drehen. Spiralen auf ein mit Backpapier ausgelegtes Backblech legen.

3. Ei und Milch verquirlen und die Spirale damit einstrei-chen, anschließend mit Sesam, Mohn und restlichem Käse bestreuen. Im vorgeheizten Backofen (E-Herd: 200 °C/ Gasherd: Stufe 3) 20–25 Minuten backen.

Zutaten für 24 Stück:

1 Packung Pizzateig (z. B. von Mondamin)

2 EL Olivenöl

300 g geriebener Emmentaler

12 schmale Scheiben Schinkenspeck

1 Ei

1 TL Milch

3 EL Sesam

3 EL Mohn

Pikant gefüllte Hörnchen

Pro Stück ca. 160 Kalorien • 670 Joule • Zubereitungszeit ca. 1 1/4 Stunden (ohne Wartezeit)

1. Milch lauwarm erhitzen, Hefe hineinbröckeln, Zucker zufügen und alles verrühren. Vorteig an einem warmen Ort abgedeckt ca. 10 Minuten gehen lassen.

2. Mehl und Salz mischen, Margarine zerlassen, mit Ei und Vorteig zum Mehl geben. Alles zu einem geschmeidigen Teig verkneten. Abgedeckt ca. 30 Minuten gehen lassen.

3. Für die Füllung Spinat auftauen. Zwiebel und Knoblauch schälen und fein würfeln. Fett in einer Pfanne erhitzen, Hackfleisch darin krümelig braten, Zwiebel, Knoblauch und Spinat zufügen und alles 5 Minuten schmoren lassen, mit Salz, Pfeffer und Muskat kräftig abschmecken.

4. Teig erneut durchkneten, auf bemehlter Arbeitsfläche 1/2 cm dick ausrollen und 16 gleichschenklige Dreiecke ausschneiden. Hackfüllung auf einer Seite der Teigstücke verstreichen. Ei trennen, Teigränder mit Eiweiß bestreichen. Dreiecke aufrollen, zu Hörnchen biegen und auf ein mit Backpapier ausgelegtes Backblech legen. Nochmals ca. 15 Minuten gehen lassen.

5. Hörnchen mit verquirltem Eigelb bestreichen und im vorgeheizten Backofen (E-Herd: 200 °C/Gasherd: Stufe 3) ca. 25 Minuten backen.

Zutaten für 16 Stück:

FÜR DEN TEIG:
150 ml Milch
1/2 Würfel (21 g) Hefe
1 Prise Zucker
350 g Mehl, 1 TL Salz
50 g Margarine (z. B. Sanella)
1 Ei
Mehl für die Arbeitsfläche
FÜR DIE FÜLLUNG:
225 g TK-Blattspinat
1 Zwiebel, 1 Knoblauchzehe
30 g Margarine (z. B. Sanella)
250 g Rinderhackfleisch
Salz, Pfeffer
abgeriebene Muskatnuss
1 Ei

Frühstückskränze

Pro Stück ca. 230 Kalorien • 960 Joule • Zubereitungszeit ca. 2 Stunden (ohne Wartezeit)

1. Kartoffeln kochen, abgießen, abschrecken, pellen und auskühlen lassen.

2. Mehl und Kräuter der Provence in eine Schüssel schütten, in die Mitte eine Mulde drücken. Hefe hineinbröckeln, Zucker darüber streuen. 125 ml lauwarmes Wasser über die Hefe gießen, mit Zucker und etwas Mehl vom Rand verrühren. Vorteig an einem warmen Ort abgedeckt ca. 20 Minuten gehen lassen.

3. Kartoffeln, Salz, Crème fraîche und Öl mit einem Pürierstab zerkleinern, in die Schüssel geben und alles zu einem geschmeidigen Teig verkneten. Abgedeckt ca. 15 Minuten gehen lassen.

4. Teig in 16 Portionen teilen. Jede Portion zu zwei dünnen Teigrollen formen, diese umeinander drehen und zu Kränzen legen. Gut zusammendrücken. Eigelb und Sahne verquirlen. Kränze mit Eiersahne bestreichen. Je vier in Mohn, in Sesam, in Käse und in die Kürbiskerne drücken.

5. Kränze auf ein mit Backpapier ausgelegtes Backblech legen. Im vorgeheizten Backofen (E-Herd: 175 °C/Gasherd: Stufe 2) 30–40 Minuten backen.

Zutaten für 16 Stück:

200 g mehligkochende Kartoffeln (z. B. Irmgard oder Aula)

550 g Weizenmehl Type 405 (z. B. Sonnenstern von Aurora)

4 TL Kräuter der Provence

1 Würfel (42 g) Hefe

1 TL Zucker

2 TL Salz

100 g Crème fraîche

6 EL Olivenöl

1 Eigelb zum Bestreichen

2 EL Schlagsahne zum Bestreichen

1 EL Mohn zum Verzieren

1 EL Sesam zum Verzieren

2 EL geriebener Emmentaler zum Verzieren

2 EL Kürbiskerne zum Verzieren

Würzige Haferstangen

Pro Stück ca. 35 Kalorien • 150 Joule • Zubereitungszeit ca. 1 Stunde (ohne Wartezeit)

1. Mehl, Haferflocken, Butter, Milch und Salz zu einem glatten Teig verkneten.

2. Teig in zwei Portionen teilen, unter eine Kräuter der Provence, unter die zweite Paprikapulver kneten. Teige auf je einem gefetteten Backblech ausrollen. Eigelb mit Milch verquirlen und die Teigplatten damit bestreichen. Anschließend mit einem Teigrädchen in ca. 1 cm breite und 16 cm lange Streifen schneiden. Streifen mit Haferflocken und Sesam bestreuen. Nacheinander im vorgeheizten Backofen (E-Herd: 200 °C/Gasherd: Stufe 3) ca. 15 Minuten backen

Zutaten für 80 Stück:

300 g Weizenmehl Type 405

200 g kernige Haferflocken (z. B. von Kölln)

120 g Butter

200 ml Milch (1,5 % Fett)

3 1/2 TL Salz

2 TL Kräuter der Provence

1 1/2 TL Paprikapulver edelsüß

2 Eigelb

4 EL Milch

3 EL kernige Haferflocken zum Bestreuen

2 EL Sesamsamen zum Bestreuen

Fett für die Bleche

Zwiebel-Apfel-Schnecken

Pro Stück ca. 150 Kalorien • 630 Joule • Zubereitungszeit ca. 1 1/4 Stunden (ohne Wartezeit)

1. Zwiebeln schälen und fein hacken. Apfel waschen, vierteln, entkernen und in kleine Würfel schneiden. Speck ebenfalls würfeln. Alles im heißen Öl anbraten, mit Salz und Pfeffer abschmecken.

2. Pizzateig mit 125 ml lauwarmem Wasser verkneten. Teig auf bemehlter Arbeitsfläche zu einem 20 x 30 cm großen Rechteck ausrollen. Zwiebel-Apfel-Speck-Mischung darauf verteilen, Käse darüber streuen. Teigplatte von der schmalen Seite her aufrollen und in 12 Scheiben schneiden.

3. Schnecken auf ein mit Backpapier ausgelegtes Backblech legen und mit verquirltem Eigelb bestreichen. Im vorgeheizten Backofen (E-Herd: 200 °C/Gasherd: Stufe 3) 25–30 Minuten backen.

Zutaten für 12 Stück:

2 Zwiebeln

1 großer Apfel

50 g geräucherter durchwachsener Speck

1 EL Keimöl (z. B. Mazola)

Salz, Pfeffer

1/2 Packung (1 Beutel) Pizzateig (z. B. von Mondamin)

50 g geriebener Emmentaler

1 Eigelb

Mehl für die Arbeitsfläche

Knusperstangen mit Käse

Pro Stück ca. 60 Kalorien • 250 Joule • Zubereitungszeit ca. 45 Minuten

1. Pizzateig und Kräuterlinge mischen. 100 ml lauwarmes Wasser und Öl unterkneten. Teig auf bemehlter Arbeitsfläche 1/2 cm dick ausrollen und in Streifen schneiden.

2. Teigstreifen einzeln umeinander drehen, auf ein mit Backpapier ausgelegtes Backblech legen und mit Parmesan bestreuen. Im vorgeheizten Backofen (E-Herd: 200 °C/ Gasherd: Stufe 3) ca. 15 Minuten backen.

Zutaten für 20 Stück:

1/2 Packung (1 Beutel) Pizzateig (z. B. von Mondamin)

2 EL Kräuterlinge (z. B. Kräuter der Provence von Knorr)

2 EL Olivenöl extra vergine

2 EL geriebener Parmesankäse

Mehl für die Arbeitsfläche

Nussige Frühstückshörnchen

Nussige Frühstückshörnchen

Pro Stück ca. 220 Kalorien • 920 Joule • Zubereitungszeit ca. 1 1/4 Stunden (ohne Wartezeit)

Der Teig muss schon am Vorabend angesetzt werden!

1. Mehl, zarte Haferflocken und Salz mischen. In die Mitte eine Mulde drücken. Milch lauwarm erhitzen, in die Mehlmulde gießen. Hefe und Zucker in der Milch auflösen. Eier, Margarine und gemahlene Nüsse in die Mulde geben, alles zu einem geschmeidigen Teig verkneten und abgedeckt über Nacht im Kühlschrank gehen lassen.

2. Teig erneut durchkneten, dann auf bemehlter Arbeitsfläche ausrollen und in 8 rautenförmige Stücke zerteilen. Stücke von einer Spitze zur anderen aufrollen, zu Hörnchen biegen und in gehackte Nüsse bzw. kernige Haferflocken drücken. Hörnchen auf ein mit Backpapier ausgelegtes Backblech setzen und im vorgeheizten Backofen (E-Herd: 175 °C/ Gasherd: Stufe 2) ca. 25 Minuten backen.

Zutaten für 8 Stück:

225 g Weizenmehl Type 550

100 g zarte Haferflocken (z. B. von Kölln)

1/2 TL Salz

100 ml Milch

1/2 Würfel (21 g) Hefe

1/2 TL Zucker

2 Eier (Gew.-Kl. M)

30 g Margarine

2 EL gemahlene Haselnüsse

1 EL gehackte Haselnüsse zum Verzieren

1 EL kernige Haferflocken zum Verzieren

Mehl für die Arbeitsfläche

Holländische Käsestangen (ohne Abbildung)

Pro Stück ca. 180 Kalorien • 760 Joule • Zubereitungszeit ca. 1 1/4 Stunden (ohne Wartezeit)

1. Backmischung mit 340 ml lauwarmem Wasser zu einem geschmeidigen Teig verkneten. Teig an einem warmen Ort abgedeckt ca. 30 Minuten gehen lassen.

2. 50 g Käse fein reiben, den Rest in feine Würfel schneiden. Käsewürfel unter den Teig kneten und diesen zu 15 Stangen formen. Stangen auf ein mit Backpapier ausgelegtes Backblech legen und die Oberfläche quer einritzen. Stangen abgedeckt ca. 40 Minuten gehen lassen.

3. Eigelb und Milch verquirlen. Stangen damit einstreichen und mit geriebenem Käse bestreuen. Anschließend im vorgeheizten Backofen (E-Herd: 175 °C/Gasherd: Stufe 2) 30–35 Minuten backen.

Zutaten für 15 Stück:

500 g Backmischung für Bauernkruste (z. B. von Aurora)

300 g mittelalter Gouda

1 Eigelb zum Bestreichen

2 EL Kondensmilch zum Bestreichen

Paprikabrezeln

Paprikabrezeln

Pro Stück ca. 350 Kalorien • 1470 Joule • Zubereitungszeit ca. 2 Stunden

1. Quark auf Küchenpapier sehr gut abtropfen lassen. Anschlie-ßend mit Ei, Öl und Salz verrühren. Mehl und Backpulver mischen und nach und nach unter die Quarkmischung kneten. Teig kühl stellen.

2. Für die Füllung Zwiebel schälen und fein hacken. Paprika putzen und in kleine Würfel schneiden. Speck ebenfalls fein würfeln. Speck im heißen Öl auslassen, Paprika und Zwiebel zufügen und andünsten. Alles abkühlen lassen. Petersilie waschen, trockenschütteln und hacken. Petersilie und Crème fraîche unter die Paprikamischung rühren, mit Salz und Pfeffer abschmecken.

3. Teig in zwei Portionen teilen und jede auf bemehlter Arbeitsfläche zu einem 30 x 40 cm großen Rechteck ausrollen. Rechtecke in 30 x 8 cm lange Streifen schneiden. Paprikafüllung jeweils als Streifen entlang der Mitte verteilen, dabei je 3 cm an den Enden frei lassen. Teig-streifen zu Rollen formen, dabei die Nahtstellen gut festdrücken. Rollen zu Brezeln formen. Brezeln mit der Naht nach unten auf zwei mit Backpapier ausgelegte Backbleche legen. Eigelb mit Milch verquirlen und die Brezeln damit einstreichen. Brezeln nacheinander auf der untersten Backofenschiene im vorgeheizten Backofen (E-Herd: 200 °C/Gasherd: Stufe 3) 30–35 Minuten backen.

Zutaten für 10 Stück:

FÜR DEN TEIG:

250 g Magerquark

1 Ei

125 ml Öl

1/2 TL Salz

350 g Hefegebäck- und Strudelmehl (z. B. von Aurora)

2 TL Backpulver

FÜR DIE FÜLLUNG:

1 Zwiebel

je 1 rote, gelbe und grüne Paprikaschote

25 g Schinkenspeck

2 EL Öl

1 Bund Petersilie

125 g Paprika-Crème-fraîche

Salz, Pfeffer

1 Eigelb zum Bestreichen

1 EL Kondensmilch zum Bestreichen

Mehl für die Arbeitsfläche

Tipp:

Wenn Ihr Lebensmittelgeschäft keine Paprika-Crème-fraîche hat, können Sie auch normale Crème-fraîche verwenden und diese mit 1/4 Teelöffel edelsüßem Paprikapulver verrühren.

Kernige Hörnchen (ohne Abbildung)

Pro Stück ca. 310 Kalorien • 1300 Joule • Zubereitungszeit ca. 1 Stunde

1. Quark, Milch, Öl und Salz verrühren. Mehl und Backpulver mischen und unterkneten. Teig auf bemehlter Arbeits-fläche ca. 1/2 cm dick ausrollen. 12 Dreiecke ausschneiden.

2. Dreiecke mit Sonnenblumenkernen bestreuen und von der Längsseite aufrollen. Hörnchen auf ein mit Backpapier ausgelegtes Backblech legen, mit Eigelb bestreichen und im vorgeheizten Backofen (E-Herd: 200 °C/Gasherd: Stufe 3) ca. 20 Minuten backen.

Zutaten für 12 Stück:

250 g Magerquark

125 ml Milch

150 ml Öl, 1/2 TL Salz

500 g Weizenmehl Type 405

1 Päckchen Backpulver

50 g USA-Sonnenblumenkerne

1 Eigelb zum Bestreichen

Mehl für die Arbeitsfläche

Kernige Vollkornbrötchen

Pro Stück ca. 180 Kalorien • 760 Joule • Zubereitungszeit ca. 3 1/4 Stunden (ohne Wartezeit)

1. Backform in den Backraum einsetzen, Kneter auf die Antriebswellen setzen.

2. Milch in die Backform gießen, Honig und Margarine einrühren. Weizenschrot, Trockenhefe, Salz und 75 g Sonnenblumenkerne darüber streuen.

3. Mit der Menütaste Programm TEIG + BASIS wählen. START/STOPP-Taste drücken. Teig noch ca. 30 Minuten im Backautomaten gehen lassen.

4. Teig zu 15 Brötchen formen, mit Milch bestreichen und in die restlichen Sonnenblumenkerne drücken. Brötchen auf einem mit Backpapier ausgelegten Backblech ca. 30 Minuten gehen lassen.

5. Brötchen im vorgeheizten Backofen (E-Herd: 200 °C/ Gasherd: Stufe 3) 20–30 Minuten backen.

Zutaten für 15 Stück:

250 ml Milch

1 TL Honig

50 g ungehärtete Pflanzenmargarine (Reformhaus)

500 g Weizenschrot (Reformhaus)

1 Päckchen Trockenhefe

1 TL Vollmeersalz

100 g Sonnenblumenkerne (Reformhaus)

Milch zum Bestreichen

Gefüllte Käsebrötchen (ohne Abbildung)

Pro Stück ca. 180 Kalorien • 760 Joule • Zubereitungszeit ca. 2 3/4 Stunden (ohne Wartezeit)

1. Backform in den Backraum einsetzen, Kneter auf die Antriebswellen setzen.

2. 200 ml Wasser in die Backform gießen, Aceto Balsamico zufügen, Hefe hineinbröckeln und Quark einrühren. Weizen- und Roggenschrot sowie Salz darüberstreuen.

3. Mit der Menütaste Programm BASIS+TEIG wählen. START/STOPP-Taste drücken.

4. Käse, Eigelb und Paprikapulver verrühren. Teig aus der Backform nehmen und zu zwölf Brötchen formen, auseinander drücken und mit der Käsemasse füllen. Teig um die die Füllung gut verschließen. Brötchen auf ein mit Backpapier ausgelegtes Backblech setzen und ca. 20 Minuten gehen lassen.

5. Brötchen im vorgeheizten Backofen (E-Herd: 225 °C/ Gasherd: Stufe 4) ca. 20 Minuten backen.

Zutaten für 12 Stück:

1 TL Aceto Balsamico

1 Würfel (42 g) Hefe

125 g Magerquark

400 g Weizenvollkornschrot (Reformhaus)

100 g Roggenvollkornschrot (Reformhaus)

1–2 TL Meersalz

100 g geriebener mittelalter Gouda

2 Eigelb

1/2 TL Paprikapulver edelsüß

Kernige Vollkornbrötchen

Dinkelbrötchen

Dinkelbrötchen

Pro Stück ca. 100 Kalorien • 420 Joule • Zubereitungszeit ca. 2 3/4 Stunden (ohne Wartezeit)

1. Backform in den Backraum einsetzen, Kneter auf die Antriebswellen setzen.

2. Milch in die Backform gießen, Honig einrühren, Hefe hineinbröckeln. Mehl und Salz darüber streuen, Butter darauf setzen.

3. Mit der Menütaste Programm TEIG + BASIS wählen. START/STOPP-Taste drücken.

4. Aus dem Teig 20 Brötchen formen. Mohn, Sesam, Leinsamen und Käse in kleine Schälchen geben. Brötchen hineindrücken und auf ein mit Backpapier ausgelegtes Backblech legen. Ca. 30 Minuten gehen lassen.

5. Brötchen im vorgeheizten Backofen (E-Herd: 200 °C/ Gasherd: Stufe 3) ca. 25 Minuten backen.

Zutaten für 20 Stück:

300 ml Milch

1 TL Honig

1 Würfel (42 g) Hefe

500 g Dinkelvollkornmehl (Reformhaus)

1 TL Meersalz

2 EL Butter

1 EL Mohn zum Verzieren

1 EL Sesam zum Verzieren

1 EL Leinsamen zum Verzieren

1 El geriebener Käse zum Verzieren

Rosinen-Honig-Brötchen (ohne Abbildung)

Pro Stück ca. 150 Kalorien • 630 Joule • Zubereitungszeit ca. 2 Stunden

1. Backform in den Backraum einsetzen, Kneter auf die Antriebswellen setzen.

2. 350 ml kaltes Wasser, Butter, Salz, Honig, Mehl, Zimt und Trockenhefe in die Backform geben.

3. Mit der Menütaste Programm TEIG SCHNELL wählen. START/STOPP-Taste drücken. Rosinen in die Backform geben, wenn der Piepton zu hören ist (nach ca. 22 Minuten). Teig noch ca. 30 Minuten im Backautomaten gehen lassen.

4. Teig aus der Backform nehmen, zu Brötchen formen, auf ein mit Backpapier ausgelegtes Backblech legen und abgedeckt noch ca. 30 Minuten gehen lassen.

5. Brötchen mit Milch bestreichen und im vorgeheizten Backofen (E-Herd: 200 °C/Gasherd: Stufe 3) 20–30 Minuten backen.

Zutaten für 20 Stück:

40 g Butter

3/4 TL Salz

2 EL Honig

650 g Weizenmehl Type 405

1 TL Zimt

1 Päckchen Trockenhefe

100 g Rosinen

10 EL Milch zum Bestreichen

Brotbeläge
für jeden Geschmack

Baguette mit Antipastigemüse

Pro Portion ca. 480 Kalorien • 2020 Joule • Zubereitungszeit ca. 30 Minuten

1. Zucchini und Pilze putzen und in Scheiben schneiden. Tomaten waschen, Stielansatz herausschneiden. Tomaten ebenfalls in Scheiben schneiden. Zucchini und Pilze im Öl kräftig anbraten, mit Salz, Pfeffer und Kräutern der Provence würzen, Essig zufügen und so lange weitergaren, bis die Flüssigkeit verdampft ist.

2. Baguettebrötchen waagerecht halbieren, mit Brotaufstrich bestreichen und Tomatenscheiben belegen. Gemüsemischung lauwarm auf den Baguettehälften verteilen.

Zutaten für 4 Personen:

200 g Zucchini

200 g Champignons

4 Tomaten

4 EL Olivenöl

Salz, Pfeffer

1–2 EL Kräuter der Provence

4 EL Aceto Balsamico Bianco

4 Baguettebrötchen

160 g Brotaufstrich aus Rahm (z. B. Brunch)

Tomatenröstbrote

Pro Portion ca. 480 Kalorien • 2020 Joule • Zubereitungszeit ca. 45 Minuten (ohne Wartezeit)

1. Knoblauch schälen und zerdrücken. Knoblauch und Butter cremig rühren, mit Salz und Pfeffer würzen. Butter mindestens 4 Stunden im Kühlschrank abgedeckt durchziehen lassen.

2. Tomaten waschen und fein würfeln. Basilikum waschen, trockenschütteln und hacken. Essig, Senf, Basilikum, Zucker, Pfeffer und Salz verrühren und unter die Tomatenwürfel mischen. Tomatenmischung abgedeckt 1 Stunde ziehen lassen.

3. Brotscheiben mit 2/3 der Knoblauchbutter von beiden Seiten bestreichen und ca. 2 Minuten je Seite grillen. Tomatenwürfel auf die Brote verteilen, restliche Knoblauchbutter darauf setzen. Brote nochmals auf dem Grill erwärmen, bis die Butter geschmolzen ist. Nach Belieben mit Basilikumblättchen garnieren.

Zutaten für 4 Personen:

2 Knoblauchzehen
150 g weiche deutsche Butter
Salz, Pfeffer
500 g Tomaten
1 Bund Basilikum
2 EL Kräuteressig
1 TL Senf
1 TL Zucker
8 Scheiben Meterbrot

Bruschetta mit Cocktailtomaten

Pro Portion ca. 210 Kalorien • 880 Joule • Zubereitungszeit ca. 15 Minuten

1. Tomaten waschen und vierteln. Lauchzwiebel putzen und in feine Ringe schneiden. Petersilie waschen, trockenschütteln und die Blättchen abzupfen. Tomaten, Lauchzwiebel, Petersilie, Salatkrönung und Olivenöl vermischen.

2. Knoblauchzehe schälen und halbieren.

3. Weißbrotscheiben unter dem heißen Grill oder im Toaster goldbraun rösten. Brote mit den Knoblauchhälften einreiben, anschließend die Tomaten-Mischung darauf.

Geschichte des Bruschetta:
Ursprünglich ist das Rezept für Bruschetta die italienische Art Brotreste zu verwerten. Hierfür werden Weißbrotscheiben vom Vortag geröstet, mit Knoblauch bestrichen – daher auch der Name: das Hingestriegelte – mit Olivenöl beträufelt. Wer es etwas feiner möchte, gibt noch einen zusätzlichen Belag darauf.

Zutaten für 4 Personen:

250 g Cocktailtomaten

1 Lauchzwiebel

2–3 Stiele Petersilie

1 Päckchen Salatkrönung (z. B. Mediterrane Art von Knorr)

2 EL Olivenöl (z. B. von Bertolli)

1 Knoblauchzehe

12 Scheiben Weißbrot

Buntes Sommerbrot

Pro Portion ca. 320 Kalorien · 1340 Joule · Zubereitungszeit ca. 30 Minuten

1. Eier hart kochen, abgießen, abschrecken und pellen. Eier halbieren, Eigelb herauslösen und durch ein Sieb streichen. Eiweiß hacken. Schnittlauch waschen, trockenschütteln und in feine Röllchen schneiden. Butter, Eigelb, 1 Teelöffel Schnittlauchröllchen und Senf verrühren. Mit Salz und Pfeffer abschmecken.

2. Radieschen putzen und sehr fein würfeln. Salatblätter waschen und trockentupfen. Brote mit Senfbutter bestreichen. Eiweiß, Radieschen und restlichen Schnittlauch darauf verteilen. Brote auf Salatblättern servieren.

Zutaten für 4 Personen:

2 Eier

1/2 Bund Schnittlauch

100 g weiche deutsche Butter

1 EL Senf

Salz, Pfeffer

1/2 Bund Radieschen

4 Salatblätter

4 Scheiben helles Bauernbrot

Cheese & Turkey

Pro Portion ca. 410 Kalorien • 1730 Joule • Zubereitungszeit ca. 25 Minuten

1. Paprika putzen und in Ringe schneiden. Tomaten waschen und den Stielansatz herausschneiden. Tomaten in Scheiben schneiden, mit Salz und Pfeffer bestreuen. Salatblätter waschen, in Stücke zupfen und trockenschleudern. Camembert in Scheiben schneiden.

2. Toastscheiben mit drei Viertel der Butter bestreichen. Vier Scheiben mit Paprika, Salami und der Hälfte des Salats belegen. Darauf je eine Toastscheibe mit der gebutterten Seite nach unten legen, oben mit restlicher Butter einstreichen.

3. Tomaten, Camembert und restlichen Salat darauf legen. Mit übrigen Toastscheiben mit der gebutterten Seite nach unten abdecken. Toasts diagonal halbieren.

Zutaten für 4 Personen:

2 gelbe Paprikaschoten

2 Tomaten

Salz, Pfeffer

1/2 Eichblattsalat

100 g Camembert (45 %)

12 Scheiben Sonnenblumenkern-Toast

60 g Butter

50 g Puten-Salami (z. B. von Gutfried)

Leberwurstcrostini mit Zwiebelgemüse

Pro Portion ca. 210 Kalorien • 880 Joule • Zubereitungszeit ca. 25 Minuten

1. Zwiebeln schälen und in feine Ringe schneiden. Fruchtaufstrich, Essig und 3 Esslöffel Wasser aufkochen. Zwiebelringe zufügen und 1 Minute köcheln lassen. Mit Salz und Pfeffer abschmecken und abkühlen lassen.

2. Thymian waschen, trockenschütteln, die Blättchen abzupfen und die Hälfte unter die Leberwurst rühren. Brotscheiben goldgelb rösten und mit der Leberwurst bestreichen. Gedünstete Zwiebeln darauf verteilen, mit restlichen Thymianblättchen bestreuen.

Zutaten für 4 Personen:

225 g rote Zwiebeln

1,5 EL Fruchtaufstrich Waldfrucht (z. B. von Du darfst)

3 EL Aceto Balsamico

Salz, Pfeffer

4 Zweige Thymian

125 g fettreduzierte Leberwurst (z. B. von Du darfst)

12 Scheiben Baguette

Roastbeef-Mango-Bagel

Pro Portion ca. 340 Kalorien • 1430 Joule • Zubereitungszeit ca. 20 Minuten

1. Brotaufstrich mit Senf und Honig verrühren, mit Salz und Pfeffer abschmecken. Salatblätter waschen und trockentupfen. Mango schälen, Fruchtfleisch vom Stein lösen und in Spalten schneiden.

2. Bagels waagerecht halbieren und mit der Brotaufstrichcreme bestreichen. Unterhälften mit Mango, Roastbeef und Salatblättern belegen. Mit Oberhälften abdecken.

Tipp:
Wollen Sie Mangos noch am Einkaufstag verarbeiten, dann achten Sie darauf, dass die Früchte auf leichten Fingerdruck nachgeben und einen intensiven Duft verströmen. Wollen Sie die Exoten erst einige Tage später verarbeiten, können Sie auch harte Exemplare kaufen und diese bei Zimmertemperatur nachreifen lassen.

Zutaten für 4 Personen:

160 g leichter Brotaufstrich aus Rahm (z. B. Brunch Légère mit Joghurt)

2 EL körniger Senf

4 EL flüssiger Honig

Salz, Pfeffer

8 Salatblätter

1 Mango

4 Sonnenblumenkernbagels

8 Scheiben Roastbeef

Fladenbrottorte

Pro Portion ca. 570 Kalorien • 2390 Joule • Zubereitungszeit ca. 30 Minuten

1. Eier hart kochen, abschrecken, pellen und in Scheiben schneiden.

2. Knoblauchzehe schälen und zerdrücken, mit Brotaufstrich, Frischkäse und Paprikapulver verrühren, mit Salz abschmecken. Paprikaschoten putzen und fein würfeln. Oliven in Scheiben schneiden. Salat putzen, waschen und trockenschleudern.

3. Fladenbrot waagerecht halbieren, mit Brotaufstrichcreme bestreichen. Unterhälfte mit Salatblättern belegen. Eischeiben, Paprikawürfel, Olivenscheiben und Shrimps darauf verteilen. Mit dem Oberteil abdecken. Fladenbrot in Tortenstücke aufschneiden.

Zutaten für 4 Personen:

2 Eier

1 Knoblauchzehe

100 g Brotaufstrich (z. B. von Bertolli); ersatzweise Margarine

100 g Frischkäse (20 % Fett)

1 EL Paprikapulver edelsüß

Salz

je 1/2 rote, gelbe und grüne Paprikaschote

40 g entsteinte Oliven

1/2 Kopfsalat

1 Fladenbrot (500 g)

200 g Shrimps

Italienisches Ciabattabrot

Pro Portion ca. 820 Kalorien • 3440 Joule • Zubereitungszeit ca. 30 Minuten

1. Basilikum waschen, trockenschütteln, hacken und mit der Margarine verrühren. Pinienkerne in einer trockenen Pfanne goldbraun rösten. Avocados halbieren, entsteinen, schälen, in Spalten schneiden und mit Zitronensaft beträufeln.

2. Ciabattabrote je einmal waagerecht und senkrecht halbieren. Brotstücke mit der Basilikum-Margarine bestreichen. Unterteile mit Avocadospalten und Schinken belegen, mit Pinienkernen und Käse bestreuen. Mit den Oberhälften abdecken. Nach Belieben mit Basilikumblättchen verzieren.

Zutaten für 4 Personen:

1 Bund Basilikum

100 g Margarine (z. B. Rama)

2 EL Pinienkerne

2 Avocados

Saft von 1 Zitrone

2 Ciabattabrote

100 g Parmaschinken

4 EL geraspelter Parmesan

Griechisches Baguette

Pro Portion ca. 350 Kalorien • 1470 Joule • Zubereitungszeit ca. 45 Minuten

1. Paprika putzen, waschen und in Würfel schneiden. Feta ebenfalls würfeln. Oliven entsteinen und vierteln.

2. Fix für Spaghetti in 1/4 Liter kaltes Wasser einrühren, Olivenöl zufügen und unter Rühren aufkochen. Paprika, Feta und Oliven unterrühren.

3. Baguettebrötchen waagerecht halbieren, mit der Gemüse-Feta-Mischung bestreichen und im vorgeheizten Backofen (E-Herd: 225 °C/Gasherd: Stufe 4) ca. 15 Minuten überbacken. Mit Thymianblättchen garnieren.

Zutaten für 4 Personen:

1 grüne Paprikaschote

150 g Fetakäse

50 g schwarze Oliven

1 Päckchen Fix für Spaghetti Napoli (z. B. von Knorr)

1 EL Olivenöl extra vergine (z. B. von Bertolli)

4 Baguettebrötchen

Thymian zum Garnieren

Rote-Bete-Kartoffelaufstrich

Pro Portion ca. 480 Kalorien • 2020 Joule • Zubereitungszeit ca. 1 Stunde

1. Kartoffeln waschen und einzeln in Alufolie wickeln. Rote Bete ebenfalls waschen und zusammen mit den Knoblauchzehen in Alufolie einwickeln. Alupäckchen im vorgeheizten Backofen (E-Herd: 200 °C/Gasherd: Stufe 3) ca. 40 Minuten backen. Am Ende der Garzeit mit einer Rouladen- oder Stricknadel prüfen, ob das Gemüse schon ganz durch ist, ansonsten noch etwas länger garen.

2. Gemüse aus der Folie wickeln, schälen und mit einer Gabel zerdrücken, Butter unterrühren, mit Salz und Pfeffer abschmecken. Aufstrich abkühlen lassen.

3. Majoran waschen, trockenschütteln und die Blättchen abzupfen. Brote mit Rote-Bete-Kartoffelaufstrich bestreichen und Majoranblättchen bestreuen.

Zutaten für 4 Personen:

3 mittelgroße mehligkochende Kartoffeln (z. B. Irmgard oder Aula)

1 Rote-Bete-Knolle

2 Knoblauchzehen

125 g weiche deutsche Butter

Salz, Pfeffer

4 Zweige Majoran

8 Scheiben Bauernbrot

Tipp:
Den Aufstrich können Sie auch auf Vorrat bereiten. Gut verschlossen hält er sich im Kühlschrank einige Tage frisch. Im Gefriergerät lässt er sich 2–3 Monate lagern.

Käsestangen mit Pilzbutter (ohne Abbildung)

Pro Portion ca. 310 Kalorien • 1300 Joule • Zubereitungszeit ca. 30 Minuten

1. Champignons fein hacken, mit Butter verkneten, mit Salz und Muskat abschmecken. Porree putzen und fein hacken.

2. Käsestangen der Länge nach halbieren. Die Unterhälften mit der Champignonbutter bestreichen, Porree darauf verteilen. Brot zusammaenklappen und im vorgeheizten Backofen (E-Herd: 200 °C/Gasherd: Stufe 3) ca. 10 Minuten backen.

Zutaten für 4 Personen:

100 g Champignons (aus der Dose)

125 g weiche Butter

Salz

abgerieben Muskanuss

1 dünne Stange Porree (Lauch)

4 Käsestangen

Rote-Bete-Kartoffelaufstrich

Buntes Sandwich

Pro Portion ca. 310 Kalorien • 1300 Joule • Zubereitungszeit ca. 25 Minuten

1. Mozzarella in Streifen schneiden. Zitronensaft mit Salz verrühren und die Mozzarellastreifen darin marinieren lassen.

2. Zwiebel schälen und in feine Ringe schneiden. Zucchini und Paprika putzen. Zucchini und Artischocken in dünne halbe Scheiben, Paprika in kurze Streifen schneiden. Alles mit Mais in der heißen Butter dünsten. Mit Salz und Pfeffer abschmecken.

3. Salatblätter waschen und trockentupfen. Puten-Bierschinken in Streifen schneiden. Salatblätter, gedünstetes Gemüse, Mozzarella- und Bierschinkenstreifen auf vier Toastscheiben verteilen. Mit übrigen Toastscheiben abdecken und diagonal halbieren.

Zutaten für 4 Personen:

100 g Mozzarella

1 EL Zitronensaft

Salz

1 Zwiebel

1 kleine Zucchini

je 1/2 rote und gelbe Paprika

*2 Artischockenherzen
(aus dem Glas)*

2 EL Maiskörner (aus der Dose)

40 g Butter

Pfeffer

4 kleine Salatblätter

*4 Scheiben Puten-Bierschinken
(z. B. von Gutfried)*

*8 Scheiben
Sonnenblumenkern- Toast*

Fitburger

Pro Portion ca. 240 Kalorien • 1010 Joule • Zubereitungszeit ca. 15 Minuten

1. Möhre schälen und der Länge nach mit einem Sparschäler in feine Streifen schneiden. Sprossen waschen und gut abtropfen lassen. Salatblätter waschen und trockentupfen.

2. Brötchen waagerecht halbieren und mit Frischkäse bestreichen. Unterhälften mit Geflügelsalat, Möhren, Salatblättern und Sprossen belegen. Mit den Oberhälften abdecken.

Tipp:

Personen mit empfindlichem Magen oder Darm sollten rohe Sprossen vor der Verarbeitung nicht nur waschen, sondern kurz in kochendes Wasser tauchen. So verschwinden Krankheitserreger und die leicht giftigen Inhaltsstoffe von Hülsenfruchtsprossen.

Zutaten für 4 Personen:

1 Möhre

4 EL Sprossen

4 Salatblätter

4 Vollkornbrötchen

*4 EL Frischkäse mit Buttermilch
(z. B. Finesse von Du darfst)*

*50 g magerer Geflügelsalat
(z. B. von Du darfst)*

Gurkenfisch für Kids

Pro Portion ca. 160 Kalorien • 670 Joule • Zubereitungszeit ca. 20 Minuten

1. Margarine und Quark verrühren, mit Salz und Pfeffer würzen. Brote mit der Quarkcreme bestreichen. Für das Fischmaul jeweils ein Dreieck herausschneiden.

2. Gurke waschen und in dünne Scheiben schneiden. Gurkenscheiben schuppenförmig in die Quarkcreme stecken. Das Fischmaul mit je einer halbierten Gurkenscheibe begrenzen. Das herausgeschnittene Brotdreieck ebenfalls mit Gurkenscheiben belegen und als Schwanz an den Fisch legen.

3. Schnittlauch waschen, trockenschütteln, in feine Röllchen schneiden und über die Fische streuen. 1 Radieschen putzen und in vier Scheiben schneiden. Radieschenscheiben als Augen auf die Fische legen. Fische mit restlichen Radieschen und Schnittlauchhalmen garnieren.

Zutaten für 4 Personen:

40 g fettreduzierte Margarine (z. B. Rama Balance)

250 g Speisequark (10 % Fett)

Salz, Pfeffer

4 Scheiben Bauernbrot

1 Salatgurke

1/2 Bund Schnittlauch

5 Radieschen

Sandwich mit Salami-Käse-Füllung

Pro Portion ca. 420 Kalorien • 1760 Joule • Zubereitungszeit ca. 20 Minuten

1. Brotscheiben kurz im Toaster rösten. Rauke putzen und auf vier Scheiben verteilen.

2. Salami fein würfeln, Parmesankäse fein raspeln. Tomaten grob würfeln. Alles mit Frischkäse verrühren. Pinienkerne in einer trockenen Pfanne goldbraun rösten und unter die Frischkäsemasse rühren, mit Salz, Pfeffer und Essig abschmecken. Auf die restlichen Brote streichen und umgekehrt auf die Raukebrote legen, diagonal halbieren.

Tipp:

Haben Sie zu viel Rauke gekauft? Kein Problem! Blätter pürieren und mit gerösteten, geriebenen Pinienkernen, Parmesankäse und Olivenöl zu einem Pesto verrühren. In ein Schraubdeckelglas füllen, mit einem Olivenölspiegel bedecken, fest verschließen und im Kühlschrank aufbewahren.

Zutaten für 4 Personen:

8 Scheiben Vollkornbrot

50 g Rauke

50 g kalorienreduzierte Salami (z. B. von Du Darfst)

50 g Parmesankäse im Stück

30 g getrocknete Tomaten

200 g Frischkäse mit Buttermilch (z. B. von Du Darfst)

2 EL Pinienkerne

Salz, Pfeffer

Aceto Balsamico (z. B. von Bertolli)

Zucchini-Toasties

Pro Portion ca. 300 Kalorien • 530 Joule • Zubereitungszeit ca. 30 Minuten

1. Zucchini putzen und in Stifte schneiden. Tomaten waschen, Stielansatz entfernen. Tomaten würfeln. Zucchini im heißen Keimöl anbraten, Tomaten zufügen und andünsten. 150 ml kaltes Wasser und Fix für Zucchini-Pfanne einrühren, aufkochen. Bei schwacher Hitze so lange köcheln, bis die Sauce dickflüssig ist. Schafskäse würfeln und unterrühren.

2. Toasties halbieren und toasten. Knoblauchzehe schälen und halbieren. Geröstete Toasties damit einreiben und mit Olivenöl beträufeln. Zucchinigemüse darauf verteilen.

Zutaten für 4 Personen:

400 g Zucchini

4 Tomaten

2 EL Keimöl (z. B. Mazola)

1 Päckchen Fix für Zucchini-Pfanne (z. B. Toscana von Knorr)

100 g Schafskäse

4 Toasties

1 Knoblauchzehe

1–2 EL Olivenöl extra vergine (z. B. Mazola)

Walnuss-Schnittchen

Pro Portion ca. 660 Kalorien • 2770 Joule • Zubereitungszeit ca. 45 Minuten

1. Rauke putzen, lange Stiele abschneiden, Blätter fein hacken und unter die Butter rühren. Mit Zitronensaft, Salz und Pfeffer abschmecken.

2. Eisbergsalat waschen und trockentupfen. Orangen so dick schälen, dass auch die weiße Haut mit entfernt ist. Filets zwischen den Trennhäutchen herausschneiden.

3. Walnussbaguette in Scheiben schneiden, toasten und mit Raukebutter bestreichen. Brote mit Salatblättern und Entenbrustscheiben belegen. Kresse vom Kästchen schneiden. Brote mit Orangenfilets und Kresse garnieren.

Zutaten für 4 Personen:

50 g Rauke

200 g weiche deutsche Butter

2 EL Zitronensaft

Salz, Pfeffer

8 Blätter Eisbergsalat

1 Orange

1 Walnussbaguette

400 g geräucherte Entenbrust in Scheiben

1/2 Kästchen Kresse

Mexikanisches Baguette

Pro Portion ca. 600 Kalorien • 2520 Joule • Zubereitungszeit ca. 30 Minuten

1. Paprikaschote putzen und fein würfeln. Bohnen und Maiskörner abgießen und abspülen.

2. Hackfleisch im heißen Öl anbraten. Paprikawürfel zufügen und mit anbraten. 250 ml Wasser angießen, Fix für Chili con Carne einrühren. Mais und Bohnen zufügen und alles unter Rühren aufkochen. Zugedeckt bei schwacher Hitze 5–10 Minuten garen. Dabei ab und zu umrühren.

3. Lauchzwiebeln putzen und in feine Ringe schneiden. Von den Baguettebrötchen je einen Deckel abschneiden und den unteren Teil aushöhlen. Chili con Carne in die Brötchen füllen, mit Lauchzwiebeln bestreuen.

Zutaten für 4 Personen:

1 rote Paprikaschote

1 Dose (425 ml) rote Bohnen

1 Dose (212 ml) Maiskörner

200 g gemischtes Hackfleisch

1 EL Olivenöl extra vergine (z. B. Mazola)

1 Päckchen Fix für Chili con Carne (z. B. von Knorr)

2 Lauchzwiebeln

4 Baguettebrötchen

Saftiges Ofenbaguette

Pro Portion ca. 520 Kalorien • 2180 Joule • Zubereitungszeit ca. 1 Stunde

1. Basilikum waschen, trockenschütteln und hacken. Knoblauch schälen und zerdrücken. Beides mit dem Brotaufstrich verrühren, mit Salz und Pfeffer abschmecken.

2. Tomaten waschen, Stielansatz herausschneiden. Tomaten und Mozzarella in je 20 Scheiben schneiden. Ofenbaguettes jeweils fünfmal senkrecht ein- aber nicht durchschneiden. Schnittflächen mit dem Brotaufstrich bestreichen und jeweils eine Tomaten- und Mozarellascheibe einklemmen.

3. Die gefüllten Baguettes im vorgeheizten Backofen (E-Herd: 175 °C/Gasherd: Stufe 2) ca. 20 Minuten backen.

Zutaten für 4 Personen:

1/2 Bund Basilikum

1 Knoblauchzehe

100 g Brotaufstrich (z. B. von Bertolli) oder Margarine

Salz, Pfeffer

4 Tomaten

250 g Mozzarella

4 kleine Ofenbaguettes oder Ciabattabrötchen

Mohnbagel mit Speck und Ei

Pro Portion ca. 360 Kalorien • 1510 Joule • Zubereitungszeit ca. 20 Minuten

1. Eier hart kochen. Abschrecken, pellen und in Scheiben schneiden.

2. Salatblätter waschen und trockentupfen. Speckscheiben in einer trockenen Pfanne kross ausbraten.

3. Bagels waagerecht halbieren und mit Brotaufstrich bestreichen. Unterhälften mit Salatblättern, Eischeiben und Speck belegen. Kresse abschneiden und über die Bagels streuen. Mit den Oberhälften abdecken.

Zutaten für 4 Personen:

2 Eier

4 Salatblätter

8 Scheiben Frühstücksspeck

4 Mohnbagels

8 EL Brotaufstrich aus Rahm mit Kräutern (z. B. Brunch & Feine Kräuter)

1/2 Kästchen Kresse

Geschichte des Bagel:
Dieser Brotkringel stammt ursprünglich aus Polen. Einwanderer brachten ihn mit nach Amerika, wo 1927 die erste Bagel-Bäckerei gegründet wurde. Das besondere an diesem Exportschlager der USA: Er wird vor dem Backen gebrüht.

Farmer's Hackburger

Pro Portion ca. 360 Kalorien • 1510 Joule • Zubereitungszeit ca. 30 Minuten

1. Fix für Hackbraten mit 4 Esslöffeln lauwarmem Wasser verrühren. Hackfleisch untermischen. Aus dem Hackteig vier dünne Hackburger formen und in 2 Esslöffeln heißem Öl von beiden Seiten braten.

2. Zwiebel schälen und in feine Ringe, Paprika putzen und in Streifen schneiden. Beides im restlichen Öl andünsten. Gewürzgurken in Scheiben schneiden. Salatblätter waschen und trockentupfen.

3. Brötchen waagerecht halbieren und die Unterhälften mit Salatblättern belegen. Anschließend Hackburger, Paprikastreifen, Zwiebelringe, Gurkenscheiben und Ketchup darauf verteilen. Mit Oberhälften abdecken.

Zutaten für 4 Personen:

1/2 Päckchen Fix für Hackbraten (z. B. von Knorr)

250 g gemischtes Hackfleisch

3 EL Keimöl (z. B. Mazola)

1 Zwiebel

1 gelbe Paprikaschote

2 Gewürzgurken

je 8 Radicchio- und Römersalatblätter

4 Vollkornbrötchen

4 EL Ketchup

Pitabrot mit Kichererbsenmus

Pro Portion ca. 240 Kalorien • 1010 Joule • Zubereitungszeit ca. 45 Minuten

1. Kichererbsen abgießen, die Flüssigkeit dabei auffangen. Kichererbsen zerdrücken und mit dem Frischkäse verrühren, dabei 3–4 Esslöffel Kichererbsenflüssigkeit unterrühren, so dass eine cremige Masse entsteht.

2. Knoblauch schälen und zerdrücken. Petersilie waschen, trockenschütteln und hacken. Gewürze in einem Mörser fein mahlen. Alles unter das Kichererbsenmus rühren. Mit Salz und Pfeffer abschmecken.

3. Zwiebel schälen und in feine Ringe schneiden. Tomaten waschen und in Scheiben schneiden, dabei den Stielansatz entfernen.

4. Pitabrote kurz aufbacken, halbieren und je eine Tasche hineinschneiden. Kichererbsenmus, Zwiebelringe und Tomaten in die Pitataschen füllen.

Zutaten für 4 Personen:

1 Dose (212 ml) Kichererbsen

100 g Frischkäse mit Buttermilch (z. B. Finesse von Du darfst)

1 Knoblauchzehe

1/2 Bund Petersilie

1/2 TL Fenchelsamen

1/2 TL Kreuzkümmel

1 TL Kurkuma

Salz, Pfeffer

1 rote Zwiebel

2 Tomaten

4 kleine Pitabrote

Gefüllte Tafelbrötchen (ohne Abbildung)

Pro Portion ca. 600 Kalorien • 2520 Joule • Zubereitungszeit ca. 40 Minuten

1. Feta durch ein feines Sieb streichen. Kräuter waschen, trockenschütteln und hacken bzw. in feine Röllchen schneiden. Butter, Käse, Kräuter und Sahne verrühren. Schinken sehr fein würfeln.

2. Von den Brötchen je einen Deckel abschneiden, Brötchen aushöhlen. Käse-Buttercreme in eine Spritzbeute mit Sterntülle füllen und in die Brötchen spritzen. Schinkenwürfeln darüberstreuen.

Zutaten für 4 Personen:

300 g Feta-Käse

je 1/2 Bund Petersilie, Dill und Schnittlauch

75 g weiche deutsche Butter

1 EL Schlagsahne

4 Scheiben Schinken

16 kleine Tafelbrötchen

Pitabrot mit Kichererbsenmus

Paprika-Salami-Creme

Pro Portion ca. 430 Kalorien • 1810 Joule • Zubereitungszeit ca. 30 Minuten (ohne Wartezeit)

1. Paprikaschote putzen. Paprika, Salami und Oliven sehr fein würfeln. Zwiebel und Knoblauch schälen und fein hacken. Schnittlauch waschen, trockenschütteln und in feine Röllchen schneiden. Alles mit Brotaufstrich verrühren, mit Salz und Pfeffer abschmecken. Paprika-Salami-Creme 1 Stunde in den Kühlschrank stellen.

2. Ciabatta in Scheiben schneiden und mit der Paprika-Salami-Creme bestreichen. Nach Belieben mit Schnittlauchhalmen verzieren.

Zutaten für 4 Personen:

1 rote Paprikaschote

125 g Salami im Stück

50 g schwarze Oliven ohne Stein

1 Zwiebel

1 Knoblauchzehe

1 Bund Schnittlauch

150 g Brotaufstrich aus Rahm (z. B. Brunch)

Salz, Pfeffer

1 Ciabatta (ca. 300 g)

Brot mit Camembertwürfeln

Pro Portion ca. 520 Kalorien • 2180 Joule • Zubereitungszeit ca. 20 Minuten

1. Rauke putzen und in mundgerechte Stücke schneiden. Camembert in Würfel schneiden.

2. Pumpernickel mit Butter bestreichen. Camembert und Rauke darauf verteilen. Je einen Klecks Preiselbeeren auf die Pumpernickel geben.

Tipp:

Beim Käse wird der Fettgehalt (Fett i. Tr.) bezogen auf die Trockenmasse (Masse, die übrig bleibt, wenn dem Käse das Wasser entzogen wird) angegeben. Der tatsächliche Fettgehalt liegt weit darunter. Als Faustregel gilt: Der effektive Fettgehalt ist etwa halb so hoch wie der angegebene Wert.

Zutaten für 4 Personen:

80 g Rauke

300 g Camembert (60 % Fett)

16 runde Pumpernickel

60 g Butter

4 EL Preiselbeeren (aus dem Glas)

Pizzatoast vom Blech

Pro Portion ca. 230 Kalorien • 970 Joule • Zubereitungszeit ca. 45 Minuten

1. 30 g Margarine und Senf verrühren. Toastscheiben damit bestreichen und dicht an dicht auf ein mit Backpapier ausgelegtes Backblech legen.

2. Zucchini putzen und in dünne Scheiben hobeln. Lauchzwiebeln putzen und in Stücke schneiden. Champignons putzen und in Scheiben schneiden. Majoran waschen, trockenschütteln und hacken. Gemüse und Majoran in 20 g Margarine schmoren. Mit Salz und Pfeffer abschmecken.

3. Tomaten waschen, Stielansatz entfernen. Tomaten in Scheiben schneiden und auf die Brote legen. Gemüsemischung darauf verteilen.

4. Restliche Margarine erhitzen, Paniermehl zufügen und leicht bräunen. Zitronenschale untermischen. Zitronen-Paniermehl-Mischung auf die Toasts verteilen. Toasts im vorgeheizten Backofen (E-Herd: 175 °C/Gasherd: Stufe 2) ca. 15 Minuten backen.

Zutaten für 4 Personen:

75 g Margarine (z. B. Rama)

1 EL Senf

4 Scheiben Vollkorntoast

150 g Zucchini

2 Lauchzwiebeln

150 g Champignons

3 Stiele Majoran

Salz, Pfeffer

300 g Tomaten

20 g Paniermehl

abgeriebene Schale von 1/2 unbehandelten Zitrone

Halve Hahn

Pro Portion ca. 200 Kalorien • 840 Joule • Zubereitungszeit ca. 15 Minuten

1. Roggenbrötchen waagerecht halbieren und mit Butter bestreichen.

2. Käsescheiben halbieren und auf die Unterhälften verteilen. Mit Senf bestreichen, mit Kümmel und Paprika bestreuen.

3. Zwiebel schälen und in feine Ringe, Cornichons der Länge nach in Scheiben schneiden. Beides auf die Brötchen verteilen, mit Majoran garnieren.

Geschichte des Halve Hahn:
Der Legende nach wurde vor vielen Jahren einem Gast in einem Kölner Brauhaus ein ganzes „Röggelchen", ein Roggenbrot mit Käse, serviert. So viel wollte er aber gar nicht haben und beschwerte sich mit den Worten: „Ääver isch will doch bloß ne halve hahn". Daraufhin wurde das Brötchen geteilt und ein neues Gericht war entstanden: der Halve Hahn.

Zutaten für 4 Personen:

4 Roggenbrötchen

80 g kalorienreduzierte Butter (z. B. von Du darfst)

6 Scheiben kalorienreduzierter Edamer (z. B. von Du darfst)

4 TL körniger Senf

Kümmel

Paprikapulver edelsüß

1 rote Zwiebel

4 Cornichons

Majoran zum Garnieren

Sandwich mit Ei und Krabben

Pro Portion ca. 330 Kalorien · 1390 Joule · Zubereitungszeit ca. 30 Minuten

1. Spargel waschen und die unteren holzigen Enden abschneiden. Spargel in Salzwasser mit Zucker ca. 10 Minuten bissfest garen, abgießen. Eier hart kochen, abschrecken, pellen und in Scheiben schneiden.

2. Brotscheiben kurz anrösten. Krabbensalat, Spargel und Eischeiben auf vier Brotscheiben verteilen. Mit Zitronensaft und Cayennepfeffer würzen, mit Pistazien bestreuen. Mit den übrigen Brotscheiben belegen. Mit Dill garnieren.

Spargel-Tipp:
Dieses königliche Gemüse lässt sich auch prima einfrieren. Einfach putzen, roh in Gefrierbeutel füllen und in die Tiefkühltruhe legen. So können Sie Spargel gut sechs Monate lagern. Für die spätere Zubereitung tiefgekühlte Stangen direkt in kochendes Wasser geben.

Zutaten für 4 Personen:

8 Stangen grüner Spargel

Salz

1 Prise Zucker

4 Eier

8 Scheiben Vollkornbrot

150 g magerer Krabbensalat (z. B. von Du darfst)

Zitronensaft

Cayennepfeffer

4 TL gehackte Pistazien

Dill zum Garnieren

Herzhafter Matjesschmaus

Pro Portion ca. 270 Kalorien • 1130 Joule • Zubereitungszeit ca. 30 Minuten (ohne Wartezeit)

1. Matjesfilets in Würfel schneiden. Zwiebel schälen und fein hacken. Apfel waschen, vierteln und das Kerngehäuse entfernen. Apfel in kleine Stückchen schneiden. Senfgurke würfeln. Radieschen waschen, putzen und in feine Stifte schneiden. Alles mit Limettensaft und Olivenöl mischen. Mit Salz, Pfeffer und Zucker abschmecken. Kresse vom Kästchen schneiden und unter den Salat mischen. Abgedeckt im Kühlschrak 1 Stunde durchziehen lassen.

2. Brotscheiben mit Brotaufstrich bestreichen. Matjessalat darauf verteilen. Nach Belieben mit je einem Kressesträußchen garnieren.

Zutaten für 4 Personen:

125 g Matjesfilets

1 kleine Zwiebel

1 kleiner Apfel

25 g Senfgurke

50 g Radieschen

1 TL Limettensaft

1 EL Olivenöl

Salz, Pfeffer, Zucker

1/2 Kästchen Kresse

4 Scheiben Vollkornbrot

80 g Brotaufstrich aus Rahm (z. B. Brunch)

Smiley Burger

Pro Portion ca. 230 Kalorien • 970 Joule • Zubereitungszeit ca. 15 Minuten

1. Salatblätter waschen und trockentupfen. Ananas in Stücke schneiden.

2. Sesambrötchen waagerecht halbieren, mit Margarine bestreichen. Putenbrust, Ketchup, Ananas und Salatblätter auf die Unterhälften verteilen. Mit den Oberhälften abdecken.

3. Tomaten waschen und halbieren. Tomatenhälften mit Frischkäse als „Augen" auf die Brötchenoberhälften kleben.

Tipp für Tomatenlagerung:
Wer die Sonne gewöhnt ist, kann mit Kälte wenig anfangen! Das gilt auch für Tomaten. Im Kühlschrank verlieren sie viel Geschmack. Die Paradiesfrüchte fühlen sich in einer Schale bei Zimmertemperatur wesentlich wohler.

Zutaten für 4 Personen:

8 Salatblätter

2 Scheiben Ananas (aus der Dose)

4 Sesambrötchen

40 g fettreduzierte Margarine (z. B. Rama Balance)

4 Scheiben Putenbrustaufschnitt

2 EL Ketchup

4 Cocktailtomaten

2 EL Frischkäse

Roggenbrot mit Putenbrust

Pro Portion ca. 280 Kalorien • 1180 Joule • Zubereitungszeit ca. 15 Minuten

1. Lauchzwiebeln putzen. Das Zwiebelgrün in lange Streifen schneiden, Rest fein hacken.

2. Brote mit Butter bestreichen, mit Salz, Pfeffer und der Hälfte des Sesams bestreuen. Brote mit Lauchzwiebeln und Putenaufschnitt belegen. Brote mit Zitronenraspeln und restlichem Sesam bestreuen. Mit Petersilie garnieren.

Sesam-Tipp:

Helle, geschälte Sesamkörner besitzen ein feines nussiges Aroma. Sie sind am besten für dieses Rezept geeignet. Dabei wird ihr Geschmack noch intensiver, wenn Sie die Körner in einer trockenen Pfanne kurze Zeit rösten. Den leicht bitteren, ungeschälten Sesam sollten Sie zum Backen verwenden.

Zutaten für 4 Personen:

4 Lauchzwiebeln

4 Scheiben Roggenbrot

60 g Butter

Salz, Pfeffer

4 TL Sesam

80 g Putenbrustaufschnitt

2 TL abgeraspelte Zitronenschale

Petersilie zum Garnieren

Süße Drachen

Pro Portion ca. 210 Kalorien • 880 Joule • Zubereitungszeit ca. 15 Minuten

1. Brotscheiben in Drachenform schneiden und mit Schmelzkäse bestreichen. Je einen Drachen mit Honig und Erdbeerkonfitüre bestreichen. Allen Drachen aus Schokotalern
   Augen, Mund und Nase legen.

2. Lakritzschnecken abrollen und der Länge nach teilen.
   Jedes Lakritzband halbieren und am „Drachenende" in die
   Brote drücken.

Honig-Tipp:
**Viele Honigsorten kristallisieren bei längerer Lagerzeit
aus und werden fest. Wollen Sie ihn wieder flüssig
haben, stellen Sie den Bienensaft in ein warmes
Wasserbad und rühren Sie ihn so lange, bis er wieder
geschmeidig ist.**

Zutaten für 4 Personen:

4 Scheiben Vollkornbrot

*4 Portionen (à 20 g)
Schmelzkäsezubereitung aus
Frischkäse (z. B. Kiri)*

1 TL Honig

1 TL Erdbeerkonfitüre

bunte Schokotaler zum Verzieren

2 Lakritzschnecken

Überbackener Birnentoast

Pro Portion ca. 390 Kalorien • 1640 Joule • Zubereitungszeit ca. 40 Minuten

1. Gemahlene Nüsse in einer trockenen Pfanne kurz rösten, mit Butter verrühren, mit Salz und Pfeffer abschmecken.

2. Birnen waschen, abtrocknen und vierteln. Kerngehäuse entfernen. Birnen in Spalten schneiden und mit Zitronensaft beträufeln.

3. Toasts mit Nussbutter bestreichen und auf ein mit Backpapier ausgelegtes Backblech legen. Birnenspalten darauf verteilen. Käsescheiben halbieren und die Birnen damit bedecken. Gehackte Haselnüsse darüber streuen und im vorgeheizten Backofen (E-Herd: 200 °C/Gasherd: Stufe 3) überbacken, bis der Käse zerläuft. Mit Minzeblättchen garnieren.

Zutaten für 4 Personen:

3 EL gemahlene Haselnüsse

80 g weiche deutsche Butter

Salz, Pfeffer

2 Birnen

2 EL Zitronensaft

8 Scheiben Vollkorntoast

4 Scheiben (à 30 g) Deutscher Butterkäse

40 g gehackte Haselnüsse

Minzeblättchen zum Garnieren

Feines Feigenhörnchen

Pro Portion ca. 310 Kalorien · 1300 Joule · Zubereitungszeit ca. 15 Minuten

1. Limette heiß waschen, abtrocknen und die Schale mit einem Zestenreißer in feinen Streifen abraspeln. Limette halbieren und eine Hälfte auspressen.

2. 1 Teelöffel Limettensaft mit Brotaufstrich und Vanillinzucker abschmecken. Feigen waschen und in Scheiben schneiden.

3. Croissants waagerecht halbieren und mit Brotaufstrich bestreichen. Feigenscheiben, Quittengelee und Limettenstreifen auf den Unterhälften verteilen. Mit den Oberhälften abdecken. Mit Zitronenmelisse garnieren.

Zutaten für 4 Personen:

1 Limette

100 g Brotaufstrich aus Rahm (z. B. Brunch)

1/2 TL Vanillinzucker

2 grüne Feigen

4 Croissants

4 TL Quittengelee

Zitronenmelisse zum Garnieren

Weißbrot mit Zimtcreme

Pro Portion ca. 240 Kalorien • 1010 Joule • Zubereitungszeit ca. 20 Minuten

1. Butter mit Zucker, Zimt und gemahlenen Mandeln verrühren.

2. Zimtbutter auf die Brotscheiben streichen. Brote im vorgeheizten Backofen (E-Herd: 200 °C/Gasherd: Stufe 3) ca. 10 Minuten backen. Nach Belieben mit Mandelblättchen und Zimtstange garnieren.

Tipp:

Zimtpulver verliert schnell an Aroma. Kaufen Sie deshalb immer nur kleine Mengen und verbrauchen Sie sie rasch. In der Zwischenzeit in einem dunklen, festverschlossenen Gefäß aufbewahren. Zimtstangen halten sich dagegen bei ähnlichen Lagerbedingungen mindestens zwei bis drei Jahre. Bei Bedarf ein Stück abbrechen und mit einem Mörser zerkleinern.

Zutaten für 4 Personen:

60 g weiche Butter

4 EL Zucker

1/2 TL Zimt

10 g gemahlene Mandeln

4 Scheiben Kastenweißbrot

Süßes Sandwich

Pro Portion ca. 340 Kalorien • 1430 Joule • Zubereitungszeit ca. 30 Minuten

1. Mandelblättchen in einer trockenen Pfanne goldgelb rösten, auf einen Teller schütten und abkühlen lassen. Erdbeeren waschen, putzen und in dünne Scheiben schneiden.

2. Sandwichscheiben rösten und mit Brotaufstrich bestreichen. Vier Scheiben mit Konfitüre bestreichen und mit Mandelblättchen bestreuen. Mit je einer Sandwichscheibe belegen. Erdbeeren darauf verteilen. Restliche Scheiben mit der bestrichenen Seite auf die Erdbeeren legen. Sandwiches diagonal halbieren.

Zutaten für 4 Personen:

60 g Mandelblättchen

300 g Erdbeeren

12 Scheiben Sandwichtoast

12 EL Brotaufstrich aus Rahm (z. B. Brunch)

4 EL Erdbeerkonfitüre

Zwetschgenbrötchen

Pro Portion ca. 420 Kalorien · 1760 Joule · Zubereitungszeit ca. 30 Minuten

1. Zwetschgen waschen, halbieren und entsteinen. Früchte mit 100 ml Wasser, Zucker, Rum und 1 Prise Zimt aufkochen. So lange köcheln lassen, bis eine dickflüssige Masse entstanden ist.

2. Brötchen rösten, halbieren und mit Butter bestreichen. Zwetschgenkompott auf die Brötchenhälften verteilen. Brötchen evtl. mit Zwetschgenhälften belegen. Sahne und je 1 Prise Zimt auf die Brötchen geben.

Zutaten für 4 Personen:

750 g Zwetschgen
60 g Zucker
2 EL Rum
Zimt
4 Brötchen
60 g Butter
4 EL geschlagene Sahne

Tipp:

Unter den verschiedenen Pflaumenarten ist die Zwetschge die süßeste. Sie besizt keine Fruchtnaht und ihr Fruchtfleisch haftet nicht am Stein. Deshalb läßt sie sich so leicht entsteinen. Da sie von allen Pflaumenarten den niedrigsten Wasser- und den höchsten Fruchtzuckergehalt aufweist, ist sie am vielseitigsten in Küche und Backstube zu verwenden.

Index